职业教育电子商务专业教学用书

跨境电商

林唯波　主编

电子工业出版社
Publishing House of Electronics Industry
北京·BEIJING

内 容 简 介

本书根据跨境电子商务零售出口业务流程，将内容分为描绘跨境电商的世界、选择跨境电商的平台、分析跨境电商的市场、发布跨境电商的产品、装修跨境电商的店铺、整合跨境电商的推广、管理跨境电商的交易、收取跨境电商的款项、运送跨境电商的货物、服务跨境电商的客户10个项目。每个项目分解为3个任务，每个任务由"任务描述""知识准备"和"牛刀小试"3部分组成。本书在坚持"以能力为本位，以学生为中心"的前提下，体现了"以项目为引领，以业务流程为脉络，以任务为驱动"的教学模式，将"做中学"与"做中教"有机结合。

本书可作为职业院校电子商务和国际商务专业及其他商贸类专业的教学用书，也可作为广大跨境电商从业人员和自学者的参考书。

本书还配有电子教学参考资料包，包括电子教案、教学指南及习题答案。

未经许可，不得以任何方式复制或抄袭本书之部分或全部内容。
版权所有，侵权必究。

图书在版编目（CIP）数据

跨境电商/林唯波主编. —北京：电子工业出版社，2017.12
ISBN 978-7-121-33033-9

Ⅰ．①跨… Ⅱ．①林… Ⅲ．①电子商务－商业经营 Ⅳ．①F713.365.2

中国版本图书馆 CIP 数据核字（2017）第 281434 号

策划编辑：徐　玲
责任编辑：王凌燕
印　　刷：河北虎彩印刷有限公司
装　　订：河北虎彩印刷有限公司
出版发行：电子工业出版社
　　　　　北京市海淀区万寿路173信箱　邮编　100036
开　　本：787×1 092　1/16　印张：15.25　字数：390.4千字
版　　次：2017年12月第1版
印　　次：2025年9月第11次印刷
定　　价：35.00元

凡所购买电子工业出版社图书有缺损问题，请向购买书店调换。若书店售缺，请与本社发行部联系，联系及邮购电话：（010）88254888，88258888。
质量投诉请发邮件至zlts@phei.com.cn，盗版侵权举报请发邮件至dbqq@phei.com.cn。
本书咨询联系方式：xuling@phei.com.cn。

前　言

随着跨境电商的蓬勃发展，社会对跨境电商的人才需求也急剧增加。对外经济贸易大学国际商务研究中心与阿里巴巴集团阿里研究院联合发布的《中国跨境电商人才研究报告》显示，企业跨境电商人才存在严重缺口。

职业学校作为输送技能人才的重要基地，在电子商务和国际贸易专业教学中增加"跨境电商"课程也是顺势而为。但是在"跨境电商"的教学实践中发现，适用于这一新兴课程的职业学校教材缺乏。而且，跨境电商作为一门交叉性学科，需要电子商务、市场营销、国际贸易、商务英语等学科的知识，又增加了研究的复杂性。

本教材具有以下特点。

1. 以能力为本位，以学生为中心

本书在坚持"以能力为本位，以学生为中心"的前提下，体现了"以项目为引领，以业务流程为脉络，以任务为驱动"的教学模式，将"做中学"与"做中教"有机结合。

2. 以跨境电商零售出口业务流程为脉络

本书根据跨境电商零售出口业务流程，将内容分为描绘跨境电商的世界、选择跨境电商的平台、分析跨境电商的市场、发布跨境电商的产品、装修跨境电商的店铺、整合跨境电商的推广、管理跨境电商的交易、收取跨境电商的款项、运送跨境电商的货物、服务跨境电商的客户10个项目。每个项目分解为3个任务，每个任务由"任务描述""知识准备"和"牛刀小试"3部分组成。

3. 教材版式新颖活泼，趣味性强

利用丰富的图片和表格，使学习内容更清晰直观，吸引学生的注意；大量采用步骤图片，学习素材丰富、真实，使教学与实践紧密联系；文字简洁、精练、图表化，适应学生的学习基础。此外，书中的"资料卡"重在拓展内容的深度和广度，旨在满足不同程度的学习需要；"牛刀小试"则让学生可以真正地运用知识。

4. 体现创业创新理念

基于创业创新的理念，全书以跨境电商零售出口业务流程为脉络，以提高学生对知识和技能的应用，培养学生跨境电商技能，让学生可以很容易进入跨境电商的

世界，在跨境电商中成就自己。

跨境电商课程的教学时间安排建议如下：

项　　目	内　　容	理论学时	实训学时	小　　计
项目一	描绘跨境电商的世界	3	2	5
项目二	选择跨境电商的平台	3	3	6
项目三	分析跨境电商的市场	3	4	7
项目四	发布跨境电商的产品	4	6	10
项目五	装修跨境电商的店铺	3	4	7
项目六	整合跨境电商的推广	3	5	8
项目七	管理跨境电商的交易	3	3	6
项目八	收取跨境电商的款项	3	2	5
项目九	运送跨境电商的货物	3	2	5
项目十	服务跨境电商的客户	4	4	8
	机动		5	5
合计		32	40	72

本书由林唯波担任主编，负责提纲拟订、修改、编纂和定稿。具体编写分工是：林唯波编写项目一、项目二、项目三、项目四和项目六，周柳青编写项目五和项目七，符昀编写项目八和项目九，陈肖璐编写项目十。全书由浙江工商职业技术学院许辉主审。编者在编写过程中参考了国内有关书籍和研究成果，还有一些在官方网站上查到的资料，在此无法将其一一列出，谨向有关作者表示诚挚的谢意。

为了方便教师教学，本书还配有教学指南、电子教案及习题答案（电子版），请有此需要的教师登录华信教育资源网免费注册后再进行下载，若有问题请在网站留言板留言或与电子工业出版社联系（E-mail:hxedu@phei.com.cn）。

由于编者水平有限，不妥之处在所难免，恳请读者批评指正。

编　者

目 录

项目一　描绘跨境电商的世界　　1
任务一　初探跨境电商的概念和特征…………………………………………2
任务二　了解跨境电商的发展情况……………………………………………7
任务三　了解跨境电商的政策和意义…………………………………………11

项目二　选择跨境电商的平台　　15
任务一　认识跨境电商平台的类型……………………………………………16
任务二　选择跨境电商平台……………………………………………………23
任务三　注册跨境电商的账户…………………………………………………27

项目三　分析跨境电商的市场　　35
任务一　了解主要国家电商市场………………………………………………36
任务二　利用"行业情报"………………………………………………………44
任务三　利用"选品专家"………………………………………………………49

项目四　发布跨境电商的产品　　57
任务一　认识发布规则…………………………………………………………58
任务二　发布产品………………………………………………………………63
任务三　管理产品………………………………………………………………77

项目五　装修跨境电商的店铺　　83
任务一　装修 PC 店铺…………………………………………………………84
任务二　装修无线店铺…………………………………………………………103
任务三　利用装修市场…………………………………………………………117

项目六　整合跨境电商的推广　　**121**

任务一　玩转店铺活动 ·· 122
任务二　利用平台其他营销活动 ······································ 133
任务三　利用速卖通直通车 ·· 139

项目七　管理跨境电商的交易　　**151**

任务一　管理交易 ··· 152
任务二　管理评价 ··· 162
任务三　分析经营状况 ·· 167

项目八　收取跨境电商的款项　　**172**

任务一　认识国际支付方式 ·· 173
任务二　提现收款 ··· 178
任务三　认识其他国际支付方式 ······································ 181

项目九　运送跨境电商的货物　　**187**

任务一　了解跨境物流 ·· 188
任务二　选择跨境物流 ·· 192
任务三　设置物流模板 ·· 200

项目十　服务跨境电商的客户　　**209**

任务一　提供客户服务 ·· 210
任务二　解答客户咨询 ·· 216
任务三　解决售后问题 ·· 222

项目一

描绘跨境电商的世界

学习目标
❖ 认识跨境电商的概念和特征。
❖ 了解跨境电商的发展情况。
❖ 了解跨境电商的政策和意义。

任务一 初探跨境电商的概念和特征

 任务描述

小林是一家企业的员工,这家企业的国内电子商务业务做得非常出色,近期企业想要扩展跨境电子商务零售出口业务。小林也要参与企业跨境电子商务零售出口业务,由于之前在学校中没有学习过跨境电商的课程,所以他要从基础学起,先了解跨境电商的概念和特征。他通过学习跨境电商的教材,还搜索网络寻找相关内容,主要任务是认识什么是跨境电商,跨境电商有哪些特征。

 知识准备

一、跨境电商的概念

通过全球速卖通(AliExpress)和兰亭集势(Lightinthebox)等跨境电商网站(见图 1-1、图 1-2),企业可以把国内的产品出售到国外顾客的手中。例如,俄罗斯的消费者可以进入全球速卖通的网站购买中国产品。

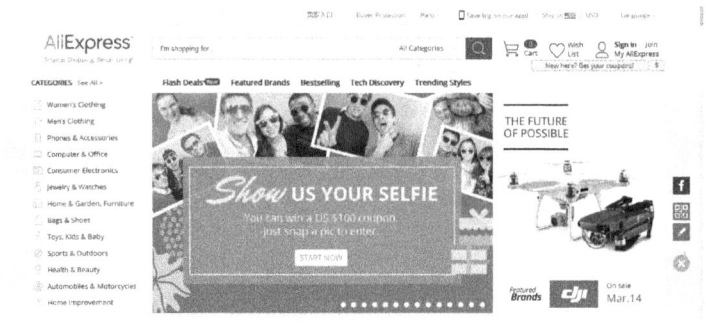

图 1-1　速卖通首页

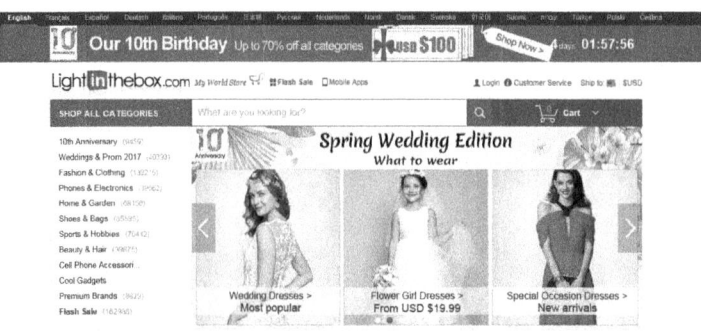

图 1-2　兰亭集势首页

跨境电商，是跨境电子商务的简称，是指分属不同关境的交易主体通过电子商务平台达成交易、进行支付结算，并通过跨境物流送达商品、完成交易的一种国际商业活动。

针对跨境电商出口，按照交易主体不同可分为跨境电子商务的企业对消费者出口、企业对企业出口和消费者对消费者出口。

根据《关于实施支持跨境电子商务零售出口有关政策的意见》（国办发〔2013〕89号）文件的规定，跨境电子商务零售出口是指我国出口企业通过互联网向境外零售商品，主要以邮寄、快递等形式送达的经营行为，即跨境电子商务的企业对消费者出口。根据海关总署〔2014〕12号文件的规定，跨境贸易电子商务海关监管方式代码为"9610"。

跨境电子商务零售出口的经营主体分为三类：一是自建跨境电子商务销售平台的电子商务出口企业，如上面提到的兰亭集势属于这种类型；二是利用第三方跨境电子商务平台开展电子商务出口的企业，如在全球速卖通上开设店铺，将商品卖往国外的企业；三是为电子商务出口企业提供交易服务的跨境电子商务第三方平台，如上面提到全球速卖通。经营主体要按照规定办理注册、备案登记手续。其他参与的企业还包括支付企业、物流企业等。

跨境电子商务零售出口，是指我国出口企业通过互联网向境外零售商品，主要以邮寄、快递等形式送达的经营行为，即跨境电子商务的企业对消费者出口。这也是本书主要讲解的内容。

跨境电子商务的企业对企业出口，即出口企业与外国批发商和零售商通过互联网线上进行产品展示和交易，线下按一般贸易等方式完成的货物出口。跨境电子商务的企业对企业出口，本质上仍属于传统贸易，国家仍按照现行有关贸易政策执行。

除此之外，跨境电商出口中还有少部分消费者对消费者出口，是指分属不同关境的个人卖家和个人买家之间，通过电子商务平台达成交易、进行支付结算，并通过跨境物流送达商品、完成交易的一种国际商业活动。

针对跨境电商进口，海关总署主要确定"直购进口"和"网购保税进口"两种运营模式，其最终客户主要是消费者。直购进口，是指消费者网购后，商品从境外运输入境，并以个人物品方式向海关申报，缴纳行邮税后，再经国内快递发到消费者手中。网购保税进口，是指企业先把商品以货物形式报关，存放于海关特殊监管区域或保税监管场所，消费者网购后商品以个人物品方式申报，直接从境内保税区快递到消费者手中，海关监管方式代码为"1210"。

资料卡

行邮税、货物和物品

行邮税是行李和邮递物品进口税的简称，是海关对入境旅客行李物品和个人邮递物品征收的进口税。

根据《海关法》的有关规定，我国将入境商品区分为货物、物品等不同的监管对象，适用不同的管理要求。对于入境货物，一般需要征收关税和增值税，且对相关清关文件要求较高，清关流程较长；对于入境物品，则仅征收行邮税，清关过程也比较简单。

从事跨境电商进口的相关企业，要满足海关信息化监管的要求，包括：

（1）参与的电商企业、支付企业、物流企业和仓储企业应提前信息备案。

（2）电商企业提前向海关办理入境商品备案手续。

（3）电商企业、支付企业、物流企业、仓储企业应当向海关提交物品交易数据、资金结算数据、物流数据。

此外，相对于海淘，跨境电商进口还对商品种类、购买数量、购买金额及参与企业有明确严格的限制。不过由于海淘、代购等过程烦琐、欠缺规范化，跨境电商进口还是有比较好的发展机会。

资料卡

海淘和代购

海淘是消费者直接从国外的电子商务网站下单购买，由海外购物网站通过国际快递发货，或者由转运公司代收货物再转寄回国。

代购则是消费者通过中间商购买商品，中间商再到国外网站、商场、店铺购买商品，中间商要收取一定的代购费用。

项目一 描绘跨境电商的世界

1. 什么是跨境电商？

2. 跨境电子商务零售出口的经营主体有哪些？

二、跨境电商的特征

为了更好地理解跨境电商的概念，需要分析跨境电商的特征，主要通过对比跨境电商与国内电子商务、跨境电商与传统国际贸易，发现跨境电商的特征和优势。

跨境电商与国内电子商务的区别主要体现在交易主体、交易环节、交易环境、交易规则、支付收款、商品运送等方面，如表1-1所示。

表1-1 跨境电商和国内电子商务对比

项　　目	跨境电商	国内电子商务
交易主体	分属不同关境	同一关境内
交易环节	更复杂，涉及海关、税收、外汇结算、跨境物流等	相对简单
交易环境	不同的文化习俗、消费习惯等	差异小
交易规则	知识产权、不同国家法规、不同的平台规则	认识比较一致
支付收款	涉及外汇结算	国内支付收款方式
商品运送	跨境物流，路途远、时间长、损坏风险高	国内物流，路途近、速度快、损坏风险相对低

跨境电商与传统国际贸易的区别主要体现在交易环境、交易环节、运营方式、订单类型、价格利润、支付收款、商品运送等方面，如表1-2所示。

表1-2 跨境电商和传统国际贸易对比

项　　目	跨境电商	传统国际贸易
交流环境	互联网平台，间接接触	面对面，直接接触
交易环节	简单，涉及中间商较少	复杂，涉及较多中间商
运营方式	借助互联网电子商务平台	基于商务合同

续表

项　　目	跨境电商	传统国际贸易
订单类型	小批量、多批次、订单分散	大批量、少批次、订单集中
价格利润	价格相对实惠、利润相对高	价格相对高、利润相对低
支付收款	主要借助第三方支付机构	正常贸易支付
商品运送	借助第三方物流，主要为航空小包	主要为集装箱海运、空运等

通过对跨境电商与国内电子商务、传统国际贸易的对比，我们不难发现跨境电商的特征。

（1）相对于国内电子商务，跨境电商具有全球性特征。跨境电商属于国际贸易的一种，它是分属不同关境的交易主体之间进行的交易行为。全球性带来的优势是可以帮助企业扩大销售区域，把产品销往世界各地。同时由于全球性，企业面临因政治、文化、税收等不同而产生的问题。

（2）相对于传统国际贸易，跨境电商具有经济性、即时性和碎片化特征。

首先，经济性体现在降低国际贸易的成本上，跨境电商可以减少交易环节，降低销售成本。商品从一个国家生产后，依靠互联网和跨境物流，直接销售给国外的消费者，减少了中间环节，降低了成本和门槛。

其次，即时性体现在提高国际贸易的效率上，跨境电商中的信息可以瞬时传递，而且全天候运作，不受时间、空间等的制约。跨境电商可以使得企业快速地发布信息、传递信息、获得客户、达成交易。

最后，碎片化是指原来国际贸易中的大批量、少批次、集中的订单，转变为跨境电商的小批量、碎片化和高频率的订单。

牛刀小试

❖思考题

1. 什么是跨境电商，什么是跨境电子商务零售出口？

2. 跨境电商相对于国内电子商务有哪些特征？跨境电商相对于传统国际贸易有哪些特征？

❖操作题

进入全球速卖通、兰亭集势等网页，浏览网页内容。

任务二　了解跨境电商的发展情况

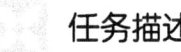
任务描述

小林通过学习已经掌握了什么是跨境电商、跨境电商相比于国内电子商务和传统国际贸易等的特征。根据了解，跨境电商有许多优势，所以他想了解跨境电商的发展现状，主要任务是了解跨境电商的发展情况和交易规模。

知识准备

一、跨境电商的发展历程

"互联网+"时代的来临，推动了很多行业的变革，也带动了国际贸易的变革。跨境电商作为新型的贸易形式，发展速度越来越快。

中国跨境电商发展主要经历了三个阶段，如图1-3所示。

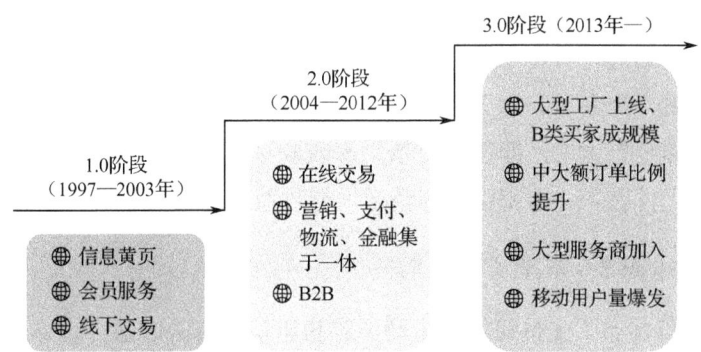

图1-3　跨境电商发展阶段

（一）跨境电商1.0阶段（1997—2003年）

跨境电商1.0阶段的主要商业模式是网上展示、线下交易的外贸信息服务模式。跨境电商1.0阶段第三方平台主要的功能是为企业信息及产品提供网络展示平台，并不在网络上涉及任何交易环节。

此时的盈利模式主要是通过向信息展示的企业收取会员费（如年服务费）。跨境电商1.0阶段发展过程中，也逐渐衍生出竞价推广、咨询服务等为供应商提供一条龙的信息流增值服务。

在跨境电商1.0阶段中，阿里巴巴国际站、中国制造网为典型的代表平台。其中，阿里巴巴成立于1999年，以网络信息服务为主、线下会议交易为辅，是中国最大的外贸信息黄页平台之一。

跨境电商 1.0 阶段虽然通过互联网解决了中国贸易信息面向世界买家的难题，但是依然无法完成在线交易，对于外贸电商产业链的整合仅完成了信息流整合环节。

（二）跨境电商 2.0 阶段（2004—2012 年）

这个阶段，跨境电商平台开始摆脱纯信息黄页的展示行为，将线下交易、支付、物流等流程实现电子化，逐步实现在线交易平台。

相比于第一阶段，跨境电商 2.0 更能体现电子商务的本质，借助于电子商务平台，通过服务、资源整合有效打通上下游供应链，包括 B2B（平台对企业小额交易）平台模式和 B2C（平台对用户）平台模式两种模式。

在跨境电商 2.0 阶段，B2B 平台模式为跨境电商主流模式，通过直接对接中小企业商户实现产业链的进一步缩短，提升商品销售利润空间。

在此阶段面向海外个人消费者的跨境电商零售出口蓬勃发展起来，DX（2006 年）、兰亭集势（2007 年）、阿里巴巴速卖通（2009 年）顺势成长起来。跨境电商零售的发展，使国际贸易主体、贸易方式等发生了巨大变化，大量中国中小企业、网商参与到国际贸易中。

在跨境电商 2.0 阶段，第三方平台实现了营收的多元化，将"会员收费"改为以收取"交易佣金"为主，即按成交效果来收取百分点佣金。同时，还通过平台上的营销推广、支付服务、物流服务等获得增值收益。

（三）跨境电商 3.0 阶段（2013 年—）

2013 年中国发布了支持跨境电子商务零售出口的有关政策，这一年成为跨境电商重要转型年。随着跨境电商的转型，跨境电商 3.0 "大时代"随之到来。

首先，跨境电商 3.0 具有大型工厂上线、B 类买家成规模、中大额订单比例提升、大型服务商加入和移动用户量爆发 5 方面的特征。与此同时，跨境电商 3.0 服务全面升级，平台承载能力更强，全产业链服务在线化也是 3.0 时代的重要特征。

在跨境电商 3.0 阶段，用户群体由草根创业向工厂、外贸公司转变，且具有极强的生产、设计、管理能力。平台销售产品由网商、二手货源向一手货源好产品转变。

在跨境电商 3.0 阶段，主要卖家群体处于从传统外贸业务向跨境电商业务艰难转型期，生产模式由大生产线向柔性制造转变，对代运营和产业链配套服务需求较高。

二、跨境电商的发展概况

全球经济环境的变化，特别是 2008 年全球金融危机的影响，为中国外贸企业的电子商务应用提供了契机。在国际市场需求萎缩、国内库存高企、产能过剩、需求低迷、企业资金链紧张,以及针对中国的贸易摩擦对中国进出口贸易造成冲击等复杂环境下,跨境贸易的形式发生了显著变化。传统的大额交易正逐渐向小批量、多批次、快速发货的订单需求发展,这些变化推动了跨境电商的发展。

业内普遍认为中国跨境电商交易规模将持续高速发展,电子商务在中国进出口贸易中的比重将会越来越大。据中国电子商务研究中心的数据,2011—2016年中国跨境电商交易规模如图1-4所示。

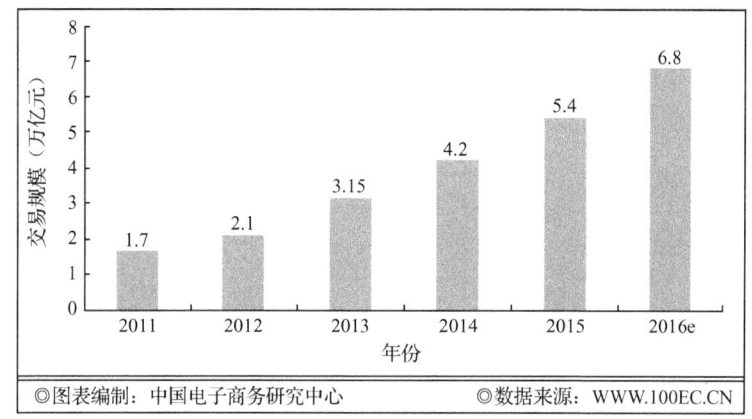

图1-4 2011—2016年中国跨境电商交易规模

在跨境电商交易规模进出口结构方面,据中国电子商务研究中心数据显示,2015年,中国跨境电商的出口电商占比83.2%,进口电商占比16.8%,如图1-5所示。

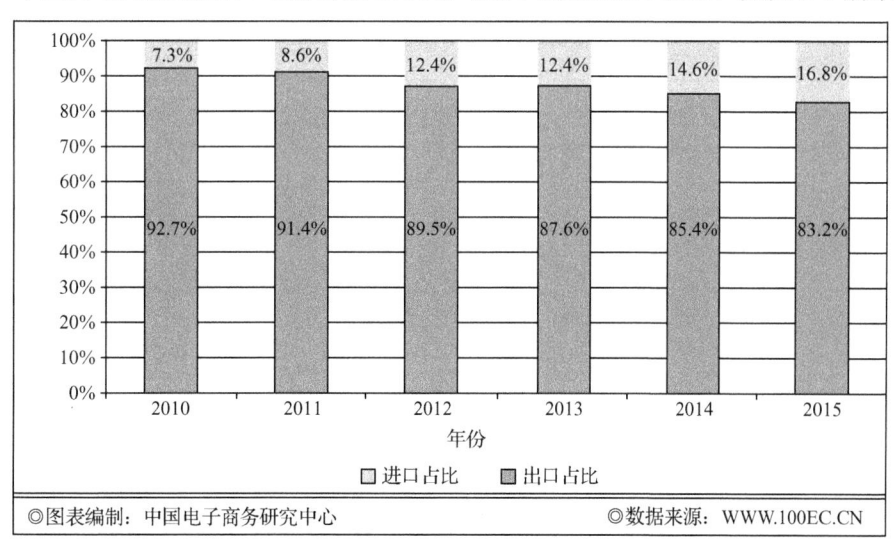

图1-5 2010—2015年中国跨境电商交易规模进出口结构

随着政策利好不断，跨境电商行业地位提升，在出口跨境电商市场中，包括像亚马逊、eBay、全球速卖通、敦煌网、Wish 等平台型企业；跨境通、兰亭集势、米兰网、DX、TinyDeal、PandaWill、小笨鸟、有棵树、傲基国际、执御等独立 B2C 平台；阿里巴巴国际站、生意宝国际站、焦点科技国际站、MFG.com、大龙网、易唐网等综合 B2B 平台；一达通、四海商舟、出口易、俄速通、递四方、传神、外运发展等服务商，都获得了很好的发展。

在跨境电商交易规模 B2B 和 B2C 结构方面，中国 2015 年跨境电商的 B2B 交易占比达到 88.5%，B2C 交易占比 11.5%，跨境电商 B2B 交易占据绝对优势，如图 1-6 所示。随着跨境电商零售出口市场政策的支持、跨境电商零售出口基础环境的完善及消费者跨境网购习惯的养成，未来跨境电商零售出口份额还会增加。

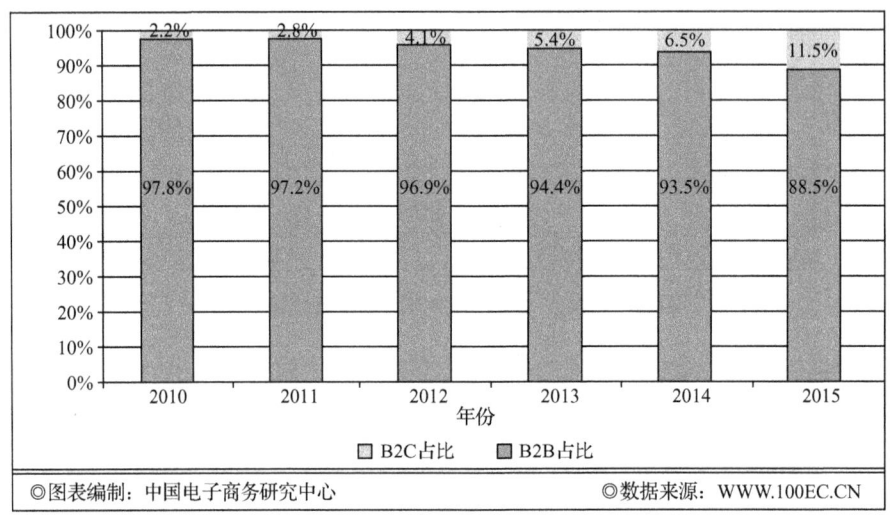

图 1-6 2010—2015 年中国跨境电商交易规模 B2B 与 B2C 结构

1. 2008 年全球金融危机对跨境电商有何影响？
2. 我国跨境电商的进出口结构如何？

项目一 描绘跨境电商的世界

 牛刀小试

❖思考题

1. 跨境电商的发展分为哪几个阶段？
2. 跨境电商2011—2016年的交易规模是多少？

❖操作题

搜索网络，了解中国跨境电商最新的发展情况，并作记录。

任务三 了解跨境电商的政策和意义

 任务描述

小林通过了解发现跨境电商发展得非常好，交易规模很大，而且还在增加。他还需要继续了解国家关于跨境电商出台的政策，以及跨境电商对企业和国家的影响和意义，主要任务是搜寻关于跨境电商的政策，了解跨境电商的影响和意义。

知识准备

一、跨境电商的政策

从2012年至今，国务院办公厅、商务部、发改委、海关总署、质检总局、外管局、财政部及税务总局都出台了跨境电商相关政策文件（见表1-3），鼓励和规范跨境电商行业。

表1-3 中国关于跨境电商的政策

发布时间	发文单位	文件名称	主要内容
2012年3月	商务部	《关于利用电子商务平台开展对外贸易的若干意见》	要求各级商务主管部门积极推动解决跨境电商中的通关、退税等政策性问题
2012年5月	发改委	《关于组织开展国家电子商务示范城市电子商务试点专项的通知》	确定由海关总署组织有关示范城市开展跨境贸易电子商务服务试点工作
2013年2月	外管局	《关于开展支付机构跨境电子商务外汇支付业务试点的通知》（5号文）	确定在上海、浙江、深圳、北京、重庆等地进行跨境电商外汇业务试点
2013年7月	国务院办公厅	《关于促进进出口稳增长、调结构的若干意见》	要求完善出口跨境电商政策，抓紧在有条件的地方先行试行
2013年8月	国务院办公厅（转发）	《关于实施支持跨境电子商务零售进口有关政策的意见》（89号文）	提出支持跨境电子商务零售出口的7条政策

续表

发布时间	发文单位	文件名称	主要内容
2013年11月	质检总局	《关于支持跨境电子商务零售出口的指导意见》	提出支持跨境电子商务零售出口的6条指导意见
2013年12月	财政部、税务总局	《关于跨境电子商务零售出口税收政策的通知》	明确了跨境电子商务零售出口的出口退税政策
2014年1月	海关总署	《关于增列海关监管方式代码"9610"的公告》	增列海关监管方式代码"9610",全称"跨境贸易电子商务"
2014年3月	海关总署（加急）	《关于跨境贸易电子商务服务试点网购保税进口模式有点问题的通知》	明确网购保税进口模式中的商品范围、购买金额/数量,以及征税、企业管理问题
2014年5月	国务院办公厅	《关于支持外贸稳定增长的若干意见》	要求各相关部门出台跨境电子商务贸易便利化措施
2014年6月	海关总署	《关于支持外贸稳定增长的若干意见》	支持以跨境电商为代表的新型贸易平台的发展
2014年7月	海关总署	《关于跨境贸易电子商务进出境货物、物品有关监管事宜的公告》（56号文）	明确跨境电商进出境货物、物品的海关监管流程
2014年7月	海关总署	《关于增列海关监管方式代码的公告》（57号文）	增列海关监管方式代码"1210",全称"保税跨境贸易电子商务"
2015年1月	外管局	《支付机构跨境外汇支付业务试点指导意见》（7号文）	取代之前的"5号文",将试点范围扩大至全国
2015年5月	质检总局	《关于进一步发挥检验检疫职能作用促进跨境电子商务发展的意见》	提出建立跨境电子商务风险监控和质量追溯体系,实施跨境电子商务备案管理等
2015年5月	商务部	《"互联网+流通"行动计划》	针对跨境电商发展,提出将推动建设100个电子商务海外仓、加快电商海外营销渠道建设等举措
2015年6月	国务院	《关于促进跨境电子商务健康快速发展的指导意见》	强调跨境电子商务健康快速发展,用"互联网+外贸"实现优进优出。明确了跨境电商的主要发展目标
2016年3月	财政部、海关总署、税务总局	《关于跨境电子商务零售进口税收政策的通知》	将对跨境电商零售进口税收政策及行邮税政策同时进行调整

1. 跨境电商相关政策的出台为什么如此密集？

2. 对于企业来说，如何利用这些跨境电商政策？

二、跨境电商的意义

如果说20世纪末开始的跨境电商只改变了传统国际贸易的营销方式,那么随着全球互联网基础设施的迅速发展,当前跨境电商已经对国际贸易运作方式、贸易环节产生了革命性的影响。中小企业、个人深入参与到国际贸易的各个环节,中小企业直接与全球消费者进行互动和交易,全球化的受益者更加广泛,各方收益也更加均衡。

跨境电商贸易不仅具备电子商务部分压缩中间环节、化解产能过剩、为中小企业提供发展之道、增加就业等传统优势,还具有重塑国际产业链、促进外贸发展方式转变、增强国际竞争力等作用。

跨境电商对企业和国家具有重要的意义。

第一,跨境电商有利于传统外贸企业转型升级,对保持我国外贸稳定增长具有深远意义。大力发展跨境电商,有助于在成本和效率层面增强我国的进出口竞争优势,提高外贸企业的利润率。随着电商渠道的深入渗透,可以使企业和最终消费者建立更畅通的信息交流平台,使企业及时掌握市场需求、调整产品结构、提升产品品质、树立产品品牌、建立电商信用体系,从而增强我国外贸的整体竞争力,对稳定外贸增长起到了重要作用。

第二,跨境电商是促进产业结构升级的新动力。跨境电商的发展,直接推动了物流配送、电子支付、电子认证、信息内容服务等现代服务业和相关电子信息制造业的发展。目前,我国电商平台企业已超过5000家,一批知名电商平台企业、物流快递、第三方支付本土企业加快崛起。面对多样化、多层次、个性化的境外消费者需求,企业必须以消费者为中心,加强合作创新,构建完善的服务体系,在提升产品制造工艺、质量的同时,加强研发设计、品牌销售,重构价值链和产业链,最大限度地促进资源优化配置。

第三,跨境电商为企业打造国际品牌提供了新机会。当前,我国许多企业的产品和服务质量、性能尽管很好,但不为境外消费者所知。而跨境电商能够有效打破渠道垄断,减少中间环节,降低交易成本,缩短交易时间,为我国企业创建品牌、提升品牌的知名度提供了有效途径,尤其是给一些"小而美"的中小企业创造了新的发展空间,从而催生出更多的具有国际竞争力的"隐形冠军"。

第四,电子商务成为未来跨境贸易必然趋势,产业发展潜力巨大。联合国贸易和发展会议预计,2015年,跨境电商将占世界贸易总额的30%～40%,在之后的几年内,这一比例还有可能继续攀升。2013年,我国跨境电商增幅在30%以上,而同期我国外贸总体增幅仅为7.6%,跨境电商整体规模相对于外贸总体的占比也不足

10%。随着跨境电商的高速增长,电子商务在我国进出口贸易中的比重将越来越大,市场潜力巨大。

> **资料卡**
>
> **跨境电商未来六大发展趋势**
>
> 跨境电商未来的发展方向必然是有利于降低交易成本、促进全球贸易便利化,有利于提升国内居民福祉,有利于营造良好的营商环境,促进经济长期健康发展。
> 1. 仍将继续保持高速增长。
> 2. B2C模式将迅速发展。
> 3. 出口占主导。
> 4. 阳光化将是大势所趋。
> 5. 保税模式潜力巨大。
> 6. "自营+平台"类可能会是主流。

牛刀小试

❖思考题

1. 跨境电商的相关政策对企业有何影响?
2. 跨境电商对企业和国家有哪些意义?

❖操作题

1. 搜索网络,了解《关于实施支持跨境电子商务零售进口有关政策的意见》(89号文),并作记录。
2. 搜索网络,了解我国跨境电商最新的相关政策,并作记录。

项目二

选择跨境电商的平台

学习目标
❖ 认识跨境电商平台的类型。
❖ 选择跨境电商平台。
❖ 注册跨境电商的账户。

任务一　认识跨境电商平台的类型

任务描述

小林已经掌握了跨境电商的概念、跨境电商的特征、跨境电商的发展情况和相关政策等内容。现在他面临选择，需要决定选择哪个跨境电商平台进行跨境电商业务。为了更全面地了解相关情况，小林决定先了解跨境电商平台的类型，包括跨境电商平台的分类及主要的跨境电商平台。

知识准备

一、跨境电商平台的分类

跨境电商平台是为交易主体提供跨境网上交易环境的平台，企业可以充分利用跨境电商平台进行产品展示、营销推广、交易实现、支付服务和物流服务等。

跨境电商平台可以按交易主体类型、服务类型和平台运营方等进行分类。

（一）按交易主体类型分类

1. B2B 跨境电商平台

B2B（Business to Business）跨境电商平台提供的是企业间的跨境电子商务，即企业与企业之间通过互联网进行产品、服务和信息的交流。目前，中国跨境电商市场交易中，B2B 跨境电商市场交易规模占总交易规模的近九成。

代表平台：阿里巴巴国际站、敦煌网、中国制造网、环球资源网，如图 2-1～图 2-4 所示是它们的首页。

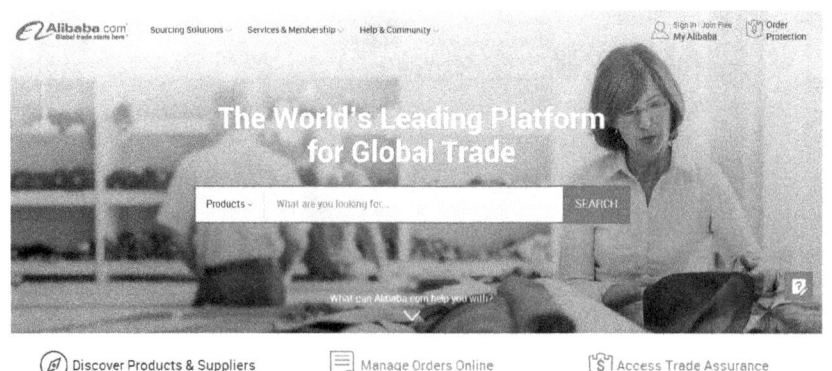

图 2-1　阿里巴巴国际站首页

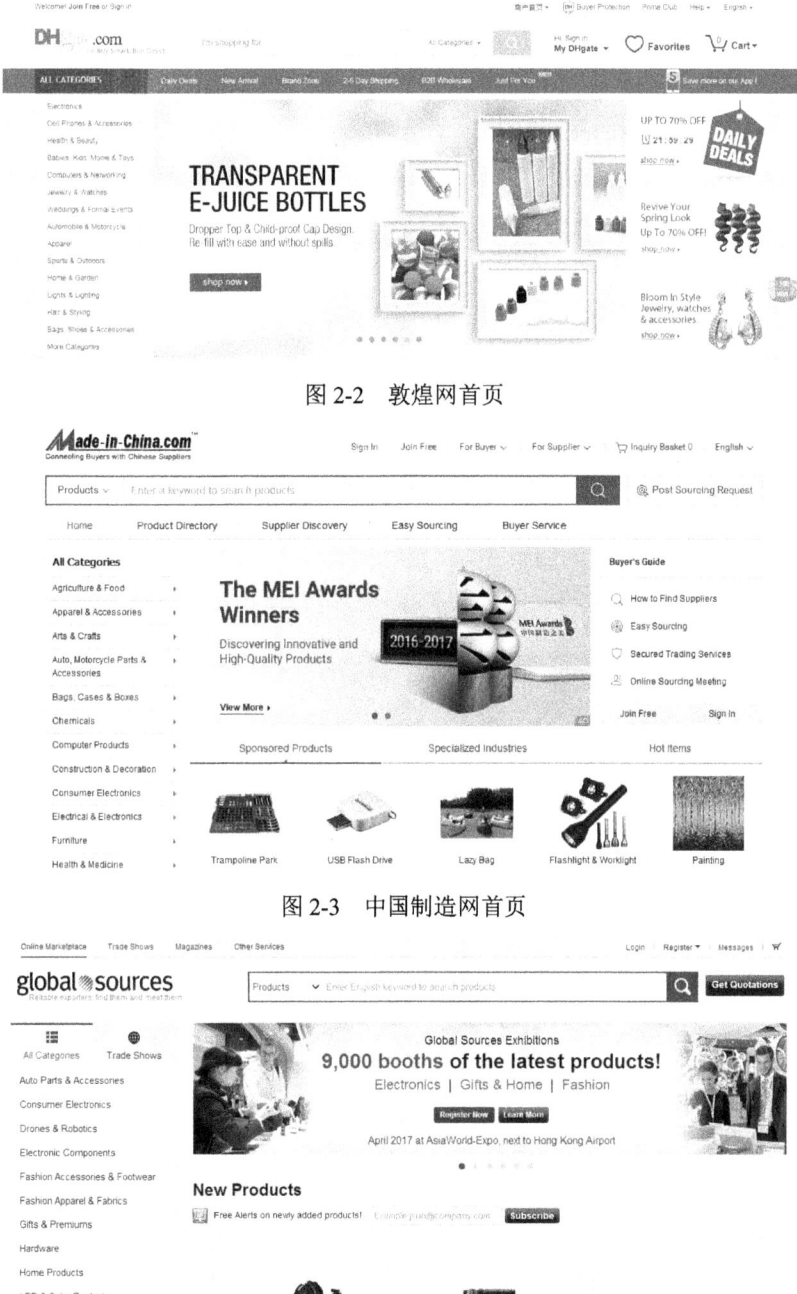

图 2-2 敦煌网首页

图 2-3 中国制造网首页

图 2-4 环球资源网首页

2. B2C 跨境电商平台

B2C（Business to Consumer）跨境电商平台提供的是企业与个人消费者之间的跨境电子商务，它的最终客户为个人消费者，针对最终客户以网上零售的方式将产品售卖给个人消费者。

B2C 跨境电商平台在不同的垂直类目商品销售上也有所不同，如炽昂科技（FocalPrice）主营 3C 数码电子产品，兰亭集势则在婚纱销售上占有绝对优势。B2C 类跨境电商市场正在逐渐发展，且在中国整体跨境电商市场交易规模中的占比不断升高。在未来，B2C 类跨境电商市场将会迎来大规模增长。

代表平台：全球速卖通、兰亭集势、亚马逊、eBay、Wish、DX、米兰网、大龙网。如图 2-5 所示是 DX 首页，如图 2-6 所示是米兰网首页。

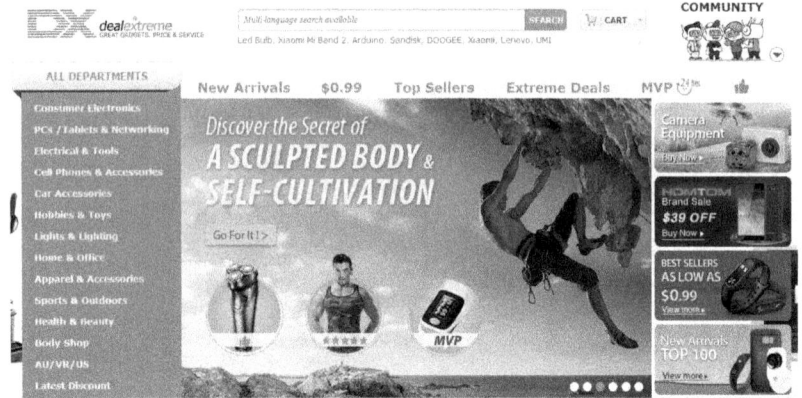

图 2-5 DX 首页

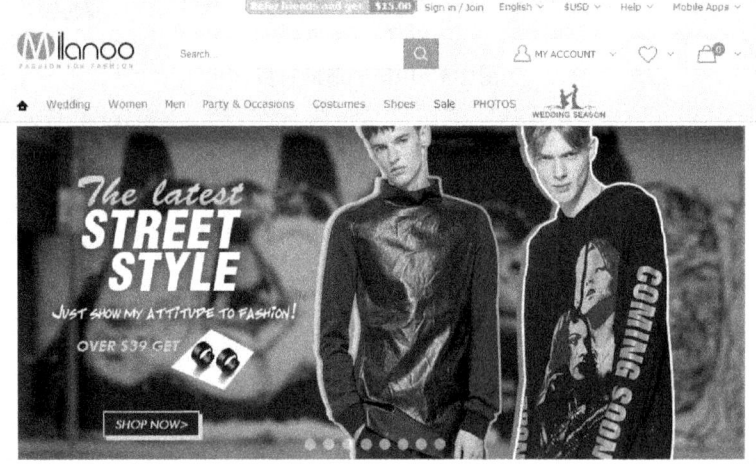

图 2-6 米兰网首页

（二）按服务类型分类

1. 信息服务平台

信息服务平台主要是为境内外会员商户提供的网络营销平台，传递供应商或采购商等商家的商品或服务信息，促成双方完成交易。

代表平台：阿里巴巴国际站、环球资源网、中国制造网。

2. 在线交易平台

在线交易平台不仅提供企业、产品、服务等多方面的信息展示，并且可以通过平台线上完成展示、咨询、搜索、下单、支付、物流、评价等全购物环节。在线交易平台模式正在逐渐成为跨境电商中的主流模式。

代表平台：全球速卖通、敦煌网、DX、炽昂科技（FocalPrice）、米兰网、大龙网。

（三）按平台运营方分类

1. 第三方平台

平台型电商通过线上搭建商城，并整合物流、支付、运营等服务资源，吸引商家入驻，为其提供跨境电商交易服务。同时，平台以收取商家佣金及增值服务佣金作为主要盈利模式。

代表平台：全球速卖通、敦煌网、环球资源、阿里巴巴国际站。

2. 自营型平台

自营型平台是企业通过在线上搭建平台，平台方整合供应商资源，通过较低的进价采购商品，然后以较高的售价出售商品。

代表平台：兰亭集势、米兰网、大龙网、炽昂科技（FocalPrice）。

1. 跨境电商平台如何分类？

2. 个人可以注册的跨境电商平台有哪些？

二、主要跨境电商平台介绍

前面已经了解了很多不同类型的跨境电商平台，我们需要根据自身的业务类型选择不同的跨境电商平台。

下面着重了解跨境电商零售出口（B2C 跨境电商）平台，主要包括全球速卖通、亚马逊、eBay、Wish 等。

（一）全球速卖通（AliExpress）

全球速卖通是阿里巴巴旗下面向全球市场打造的在线交易平台，被广大卖家称为国际版"淘宝"。这几年速卖通的发展可谓风生水起，已成为全球最活跃的跨境电商平台之一，并依靠阿里巴巴庞大的会员基础，成为目前全球产品品类最丰富的平台之一。

在速卖通上可以像淘宝一样，把宝贝编辑成在线信息，通过速卖通平台发布到海外。类似国内的发货流程，通过国际快递将宝贝运输到买家手上，就这样轻轻松松与 220 多个国家和地区的买家达成交易，赚取美元。

（二）亚马逊（Amazon）

亚马逊是美国最大的一家网络电子商务公司，位于华盛顿州的西雅图，是网络上最早开始经营电子商务的公司之一。亚马逊成立于 1995 年，一开始只经营网络的书籍销售业务，现在则涉及了范围相当广的其他产品，已成为全球商品品种最多的网上零售商和全球第二大互联网企业。

亚马逊及其他销售商为客户提供数百万种独特的全新、翻新及二手商品，如图书、影视、音乐和游戏、数码下载、电子和计算机、家居园艺用品、玩具、婴幼儿用品、食品、服饰、鞋类和珠宝、健康和个人护理用品、体育及户外用品、玩具、汽车及工业产品等。

2004 年 8 月亚马逊全资收购卓越网，使亚马逊全球领先的网上零售专长与卓越网深厚的中国市场经验相结合，进一步提升客户体验，并促进了中国电子商务的成长。

2012 年年初，亚马逊在中国正式启动"全球开店"项目，2014 年 6 月，亚马逊"全球开店"业务增加日本和加拿大两个站点，至此，中国卖家可以在美国、德国、英国、法国、意大利、西班牙、加拿大及日本网站进行全球跨境业务的拓展。亚马逊依靠成熟运作的海外站点和物流仓储系统，使业务获得了高速发展。

亚马逊对卖家的要求是比较高的，如对产品品质、品牌等方面的要求，手续也比速卖通等平台复杂。

选择亚马逊最好有比较好的供应商合作资源，供应商品质需要非常稳定，最好有很强的研发能力。在亚马逊开店比较复杂，并且有非常严格的审核制度，如果违规或不了解规则,不仅会有封店铺的风险,甚至会有法律上的风险,所以最好接受专业的培训,了解开店政策和知识。另外,需要一台计算机专门登录亚马逊账号,这对于亚马逊的店铺政策和运营后期都非常重要。一台计算机只能登录一个账号,不然会跟规则有冲突,最好用座机验证新用户注册。

最重要的是还需要一张美国的银行卡。亚马逊店铺产生的销售额是全部保存在亚马逊自身的账户系统中的,要想把钱提出来,必须有美国本土银行卡。解决这个问题也比较简单,外贸人一般都有一些海外客户资源、海外朋友,可以通过他们解决这个问题,另外,国内也有一些代理机构做这样的服务。

亚马逊流量主要分内部流量和外部流量两类,类似于国内的淘宝。同时应该注重 SNS 社区的营销,软文等营销方式也比较有效果(见图 2-7)。

图 2-7　亚马逊美国首页

（三）eBay

2002 年 3 月,时任 eBay 总裁兼 CEO 惠特曼拿出 3000 万美元,购得当时中国最大的 C2C 平台易趣网 33%的股份。2003 年 6 月,惠特曼再以 1.5 亿美元收购易趣其余股份,全面进军中国。

eBay 入主易趣的前 1 个月,阿里巴巴 CEO 马云推出了淘宝网。两大平台展开激烈的竞争,最后淘宝赢得了市场。

eBay 之后悄然开始了中国 B2C 跨境电商市场的拓展,2006 年,新任 CEO 廖光宇推动了 eBay.cn 的上线,以更好地为中国卖家提供咨询和服务。

2007 年,eBay 外贸大学上线,构建了卖家培训体系。从 2008 年开始,eBay 相继在北京、深圳、温州等中小企业集中的地方成立办事处,拓展跨境电商卖家。2009 年,eBay 中国的交易额达到 9 亿美元,eBay 不仅开创了中国 B2C 跨境电商的先河,而且通过该业务获得了丰厚的利润回报。现在的 eBay，已经在中国的跨境电商领域有一定的影响力，也面临很多竞争者。

因为 eBay 的核心市场在美国和欧洲，是比较成熟的市场。相对于亚马逊，eBay 的开店手续也不是特别麻烦，但 eBay 有一个非常严重的问题：规则严重倾向于买家，如果产品售后问题严重的话，很容易出现问题。

eBay 的开店门槛比较低，但是需要的东西和手续比较多，如发票、银行账单等，所以需要对 eBay 的规则非常清楚。在 eBay 开店是免费的，但上架一个产品需要收钱，这跟国内的淘宝还是有很大区别的。eBay 的审核周期很长，一开始不能超过 10 个宝贝，而且只能拍卖，需要积累信誉才能越卖越多，而且出业绩和出单周期也很长，积累时间有时候让人受不了，只能慢慢地等待。遇到投诉是非常麻烦的事情，如果不妥善处理甚至会被平台封掉店铺，所以产品质量一定要过关。

（四）Wish

Wish 是刚刚兴起的基于 App 的跨境平台，主要靠价廉物美吸引客户，在美国市场有非常高的人气，核心品类包括服装、珠宝、手机、礼品等，大部分都从中国发货。

Wish 的主要吸引力是价格特别便宜，但是因为 Wish 平台独特的推荐方式，产品品质往往还是比较好的，这也是它短短几年发展起来的核心因素。

Wish 平台 97% 的订单量来自移动端，App 日均下载量稳定在 10 万次，峰值时冲到 20 万次。就目前的移动互联网优势来看，Wish 未来的潜力是非常巨大的。

Wish 是私人定制模式下的销售，Wish 利用智能推送技术，为 App 客户推送他们喜欢的产品，真正做到点对点的推送，所以客户下单率非常高，而且满意度很高。Wish 有一个优点是它一次显示的产品数量比较少，这样对于客户体验来说是非常不错的，因为客户并不想花太多时间在自己不喜欢或不需要的产品上。通过这样的精准营销，卖家短期内可以获得销售额的暴增。

Wish 最初仅仅是一个收集和管理商品的工具，后来才发展成一个交易平台，并越来越火爆。对于中小零售商来说，Wish 的成功让大家明白了移动互联网的真正潜力。

> **资料卡**
>
> **中国网民规模和手机网民规模**
>
> 信息技术的进步,特别是网络的普及,推动了电子商务的快速发展。据中国互联网络信息中心(CNNIC)完成的第 39 次《中国互联网络发展状况统计报告》,截至 2016 年 12 月,中国网民规模达 7.31 亿,相当于欧洲人口总量,全年共计新增网民 4299 万人,互联网普及率达 53.2%。
>
> 移动互联网的发展是带动网民数量增长的首要因素,截至 2016 年 12 月,中国手机网民规模达 6.95 亿,网民中使用手机上网的人群占比提升至 95.1%。

  牛刀小试

❖思考题

1. 跨境电商平台如何按交易主体类型、服务类型和平台运营方等进行分类?
2. 介绍全球速卖通(AliExpress)、亚马逊(Amazon)、eBay 和 Wish。

❖操作题

进入全球速卖通(AliExpress)、亚马逊(Amazon)、eBay 和 Wish,浏览相应内容。

任务二　选择跨境电商平台

  任务描述

小林已经掌握了跨境电商的分类、主要的跨境电商平台,现在他需要做出选择,决定选择哪个跨境电商平台作为经营平台,为了集中精力,他决定先选择其中一个平台。他需要了解怎样选择跨境电商平台及跨境电商的业务流程。

  知识准备

一、跨境电商平台的选择

不同的跨境电商平台都有自己的定位和规则。选择适合的平台,制定合适的运营和营销策略,对于跨境电商企业来说至关重要。一般结合市场差异、产品差异和企业自身情况来选择合适的跨境电商平台,还要了解平台的发展趋势。

(一)市场差异

不同的国家和地区跨境电商的市场差异很大。从分布来看,我国现在主要的跨境电商零售出口的市场可以分为两类:一类是成熟国家市场,如美国、法国、德国等;一类是新兴国家市场,如巴西、印度、墨西哥等。

相较于国内阿里巴巴一家独大的情况,跨境电商市场竞争者较多。跨境电商B2C中,亚马逊、eBay等美国跨境电商平台占据了成熟国家市场的较大份额,速卖通则占据了新兴国家市场的较大份额。企业需要结合自身的市场目标,选择合适的平台。

主要跨境电商平台全球访问情况如表2-1所示。

表2-1 主要跨境电商平台全球访问情况

平台	发达国家情况	新兴国家情况
亚马逊	美国 60.9%	印度 3.9%
	日本 3.2%	墨西哥 1.6%
	英国 2.3%	巴西 1.3%
	加拿大 2.2%	中国 1%
	德国 1.2%	
	澳大利亚 1.2%	
eBay	美国 57.5%	印度 3.2%
	日本 3%	俄罗斯 2.6%
	英国 2.2%	巴西 1.5%
	加拿大 2.1%	中国 1.6%
	德国 1.2%	墨西哥 1.6%
全球速卖通	美国 7.4%	印度 4.4%
	西班牙 4.7%	俄罗斯 12.4%
	法国 2.2%	巴西 9.3%
	日本 1.9%	尼日利亚 1.8%
		墨西哥 1.9%

数据来源:Audience Geography. Where are this site's visitors located? 2014.6

(二)产品差异

产品是企业选择跨境电商平台的一个重要因素,不同的产品在不同的跨境电商平台上的优势也不同。跨境电商B2C平台差异性很大,所适合的产品各不相同。

全球速卖通的主要市场是新兴国家,速卖通上的顾客对价格比较敏感,低价策略对店铺来说效果比较明显，很多人现在做全球速卖通的策略就类似于前几年的淘宝店铺。

全球速卖通比较适合开始做跨境电商的新人，尤其是产品特点符合新兴市场的卖家，产品有供应链优势及价格优势明显的卖家，最好是工厂直接销售。全球速卖通的优势类目包括服装服饰、消费电子（主要是手机）、美容美发、珠宝手表、鞋子和汽配等。

亚马逊的主要市场是发达国家，其买家对产品质量和品牌要求比较高，比较适合质量把控及品牌打造有优势的企业。消费电子、无线设备、服饰、家居户外是亚马逊中国卖家的优势品类。

eBay 的主要市场也是发达国家，相较于亚马逊，eBay 主要的消费者更加大众化和年轻化，eBay 上售卖的产品种类更多。eBay 销售量最大的是电子、时尚、家居园艺、汽配和收藏品。

（三）平台发展趋势

首先是品牌化。在跨境电商时代，无论是全球速卖通、亚马逊还是 eBay，都在鼓励中国企业销售自有品牌的产品。

2017 年开始，全球速卖通商家不仅限制为企业身份，而且入驻必须有品牌。同时，全球速卖通大型活动只允许有品牌的商家参与，平台主推在中国甚至全世界有品牌商标注册的商家。

其次是用户化。与传统的国际贸易相比，跨境电商时代的用户权利更大，信息更加透明化，用户的选择空间极大提升。信用体系更加健全，用户对产品的评价在线上都被记录下来，从而持续影响企业的销售情况。

相较于国内电商，跨境电商的用户评价更加真实，能够反映企业的状况。跨境电商对虚假评价的打击力度非常大。欧美等国家的用户更乐意分享，而且一般不会轻易修改自己对产品的评价。

在跨境电商平台上，用户的影响将会是深远而重大的。客户差评和投诉，轻则影响企业在平台上的排名，重则可能导致被封店。无论是全球速卖通、亚马逊还是 eBay，规则向客户倾斜的趋势将越来越明显。

二、跨境电商的业务流程

跨境电商零售出口业务主要分为前期策划、平台选择、货源选择、平台运营、物流发货、资金清算等环节，如图 2-8 所示。在此简单阐述，详细内容将在后续各项目中学习。

图 2-8 跨境电商的业务流程

（一）前期策划

前期策划主要是在了解跨境电商发展情况、相关政策等之后，结合企业自身情况，对企业要进行的跨境电商业务进行整体规划。

（二）平台选择

根据企业自身情况、市场差异和产品差异选择合适的跨境电商平台。最好选择一个平台集中资源投入，因为经验、资源和精力有限，专注经营一个店铺更有助于成功。选择相应平台之后，通过市场调研、市场分析和市场定位等，形成一个对店铺的总体经营思路。

（三）货源选择

对于跨境电商卖家来说，优质的选品是卖家获得订单、赚取利润的基础。卖家在选品时要考虑每个产品的生命周期，处在不同时期的产品都有其特点。从国际贸易角度看，还要注意目标市场所在国的市场情况。进货渠道则是卖家是否有供货能力的重要条件。卖家在考虑进货渠道时，需要从质量、议价空间、供货稳定性等方面综合考虑。

（四）平台运营

平台运营包括产品发布和管理、店铺装修、营销推广、订单管理、经营分析和客户服务等。

平台的运营对于店铺来说是非常重要的，平台运营的好坏直接关系到店铺经营状况的好坏。在店铺运营过程中，要认真钻研平台规则，积极引流推广，才能获取订单、获得利润。

（五）物流发货

目前，跨境电商的主要物流方式有邮政小包、国际快递、专线物流、海外仓和国内快递的跨国业务等。跨境电商卖家首先要选择一种合适的物流方式。当买家下单后，需要物流发货，买家收到货物并在平台上确认已经收到货物，即为确认收货。

（六）资金清算

资金结算包括平台放款、结汇和出口退税等内容。

项目二 选择跨境电商的平台

1. 跨境电商的平台选择需要注意哪些问题？

2. 跨境电商零售出口业务流程有哪些？

 牛刀小试

❖思考题
1. 在选择跨境电商平台时需要考虑哪些因素？
2. 跨境电商零售出口业务流程是怎样的？

❖操作题
比较主要的跨境电商 B2C 平台，并用表格列出比较结果。

任务三　注册跨境电商的账户

 任务描述

小林通过比较众多的跨境电商平台，最终决定在全球速卖通上开设店铺。现在他需要注册跨境电商的账户，并且为了使自己公司的业务符合平台要求，需要进一步掌握平台入驻要求和注意事项。

 知识准备

一、跨境电商平台入驻须知

每个跨境电商平台都有其入驻要求，了解入驻要求并按照平台的要求准备资料、接受审查等，才能顺利开通跨境电商的店铺。之后都将以全球速卖通（AliExpress）

作为跨境电商平台，进行跨境电商业务的讲解，其他平台的业务流程也基本相似。

（一）了解全球速卖通的招商标准

2017年1月1日起，全球速卖通平台关闭个人账户转为企业账户的申请入口，所有新账户必须以企业身份进行卖家账号注册及认证。企业是指合法登记的企业用户，并且能够提供全球速卖通入驻要求的所有相关文件，不接受个体工商户等入驻。一家企业在一个经营大类下可经营店铺数量限3家。

2017年，全球速卖通除个别类目外全面实施商品品牌化。2017年1月1日开始，新发产品"品牌属性"必须选择商标；2017年3月1日开始，平台将分批次执行在线产品"品牌属性"必须选择商标的编辑功能，分批次的类目和时间关注平台后续公告。

对于品牌资质要求，每个类目下对品牌的资质要求不相同，以提供商标注册证书或商标受理通知书或品牌授权书为主，部分品牌提供全链路进货发票也可以，我们可通过全球速卖通网页查询所经营类目下的商标资质要求。详见《速卖通2017年度各类目资质要求》。

（二）准备入驻材料

如表2-2和表2-3所示是全球速卖通店铺类型和相关要求，以及各店铺类型需提供的资料。我们还可以登录AliExpress商家招商页面，进入入驻要求界面，查看不同类目产品的入驻要求，如图2-9所示。

表2-2 全球速卖通店铺类型和相关要求

店铺类型	官方店	专卖店	专营店
店铺类型介绍	商家以自有品牌或由权利人独占性授权（仅商标为R标）入驻速卖通开设的店铺	商家以自有品牌（商标为R或TM状态），或者持他人品牌授权文件在速卖通开设的店铺	经营一个及以上他人或自有品牌（商标为R或TM状态）商品的店铺
开店企业资质	需要完成企业认证，卖家需提供如下资料： 1. 企业营业执照副本复印件 2. 企业税务登记证复印件（国税、地税均可）； 3. 组织机构代码证复印件； 4. 银行开户许可证复印件； 5. 法定代表人身份证正反面复印件		
单店铺可申请品牌数量	仅一个	仅一个	可多个
平台允许的店铺数	同一品牌（商标）仅一个	同一品牌（商标）可多个	同一品牌（商标）可多个

项目二　选择跨境电商的平台

表2-3　全球速卖通各店铺类型需提供的资料

店铺类型	官方店	专卖店	专营店
需提供的材料	1. 商标权人直接开设官方店，需提供国家商标总局颁发的商标注册证（仅R标）； 2. 由权利人授权开设官方店，需提供国家商标总局颁发的商标注册证（仅R标）与商标权人出具的独占授权书（如果商标权人为境内自然人，则需同时提供其亲笔签名的身份证复印件；如果商标权人为境外自然人，提供其亲笔签名的护照/驾驶证复印件也可以）； 3. 经营多个自有品牌商品且品牌归属同一个实际控制人，需提供多个品牌国家商标总局颁发的商标注册证（仅R标）； 4. 卖场型官方店，需提供国家商标总局颁发的35类商标注册证（仅R标）与商标权人出具的独占授权书（仅限速卖通邀请）	1. 商标权人直接开设的品牌店，需提供由国家商标总局颁发的商标注册证（R标）或商标注册申请受理通知书（TM标）； 2. 持他人品牌开设的品牌店，需提供商标权人出具的品牌授权书（若商标权人为境内自然人，则需同时提供其亲笔签名的身份证复印件；如果商标权人为境外自然人，提供其亲笔签名的护照/驾驶证复印件也可以）	需提供由国家商标总局颁发的商标注册证（R标）或商标注册申请受理通知书复印件（TM标），或者以商标持有人为源头的完整授权或合法进货凭证（各类目对授权的级数要求，具体见品牌招商准入资料提交为准）

图2-9　AliExpress商家招商→入驻要求

（三）注册账号及完成企业认证

资料准备齐全后，可按如图2-10所示的步骤完成卖家账号注册及认证。

图2-10　注册账号及完成企业认证

（四）入驻步骤

首先，等待类目入驻资质审核（初审、复审）。

其次，缴纳类目技术服务年费。例如，服装服饰大类技术服务年费为10000元人民币。根据店铺的对应年销售额可以返50%或100%年费。如服装服饰大类，返50%年费对应的销售额为20000美元，返100%年费对应的销售额为40000美元。具体不同类目的技术服务年费及考核见全球速卖通平台的"类目技术服务年费及考核一览表"。

最后，申请商标资质权限。2017年1月1日开始，新发产品"品牌属性"必须选择商标；我们可通过查询所经营类目下的商标资质要求进行"商标资质申请"。

（五）完善店铺信息

设置店铺资产，进入卖家后台→店铺→店铺资产管理进行相关资产设置，提升店铺曝光机制。

（1）选择店铺类型（如官方店/专卖店/专营店），店铺类型要求点击设置。
（2）设置店铺名称。
（3）设置店铺二级域名，见《速卖通店铺二级域名申请及使用规范》。
（4）若申请的是官方店，同步设置品牌官方直达及品牌故事内容。

（六）开始经营

其主要包括发布商品；装修店铺，设计店铺风格，打造品牌形象，无线店铺设置；店铺上线等。

二、跨境电商账户注册

跨境电商的账户是进行跨境电商业务最基本的工作，需要通过注册账户、账户实名认证、开店考试等步骤。

首先登录AliExpress全球速卖通的卖家首页（http://seller.aliexpress.com/），如图2-11所示，单击"立即入驻"按钮，图2-11中用黑框标出。

接下来"设置用户名"，如图2-12所示，设置用于登录的电子邮箱，如图2-13所示。电子邮箱用于登录及接收平台通知，所以要使用能够长期使用的邮箱。如果已经取好店铺名称，建议先用店铺名称注册一个电子邮箱，再到全球速卖通平台进行账户注册。另外，这个邮箱要在阿里巴巴旗下任何平台都没有使用过的，否则不能使用该电子邮箱。

项目二　选择跨境电商的平台

图 2-11　AliExpress 全球速卖通的卖家首页

图 2-12　AliExpress 全球速卖通设置用户名界面

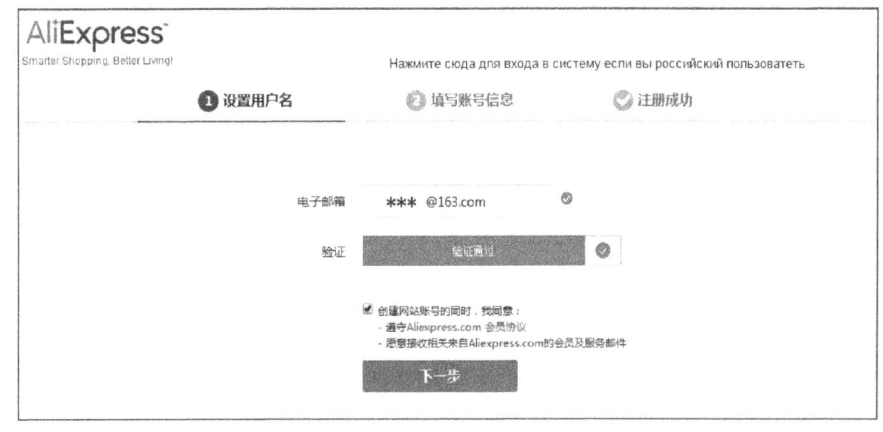

图 2-13　AliExpress 全球速卖通设置用户名输入邮箱

单击"下一步"按钮，全球速卖通会将验证邮件发送到设置的电子邮箱中，如图 2-14 所示，单击"请查收邮件"按钮进入注册邮箱登录界面。

登录电子邮箱后，找到全球速卖通发送来的验证邮箱，有可能在垃圾箱中，在 24 小时内单击"完成注册"按钮或单击链接即可，如图 2-15 所示。

31

图 2-14　AliExpress 全球速卖通验证邮件已发送

图 2-15　验证邮件

接着，要填写账号信息，如图 2-16 所示，注意其中经营模式选定后不可更改，不过对账户经营影响不大。

图 2-16　填写账号信息

当所有信息都填写准确后,单击"确认"按钮,全球速卖通会发验证码到所填写的手机上,所以也要保证手机号码的可用性,保证能收到验证码。

至此,全球速卖通的账号已经注册成功,如图 2-17 所示。下面开始实名认证,现在全球速卖通只支持企业认证,单击图 2-17 中的"企业认证",页面会跳转到支付宝页面,如图 2-18 所示,登录已经完成企业支付宝认证的账号。单击"提交认证"按钮,即可通过实名认证。

图 2-17　注册成功

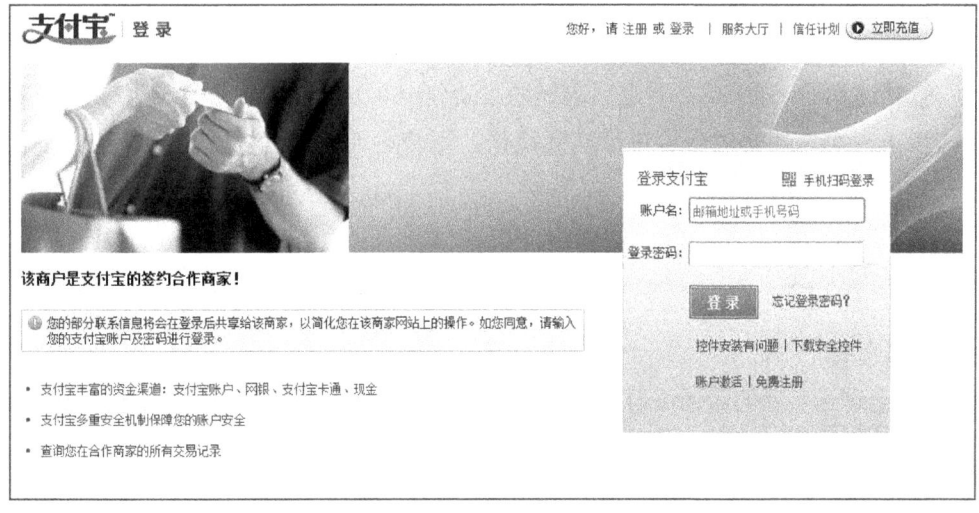

图 2-18　支付宝页面

如果开始没有准备好认证过的支付宝账号,全球速卖通账号没有进行实名认证,下次登录账号时,页面会在认证页面上,单击"去认证"按钮可以继续完成实名认证,如图 2-19 所示。

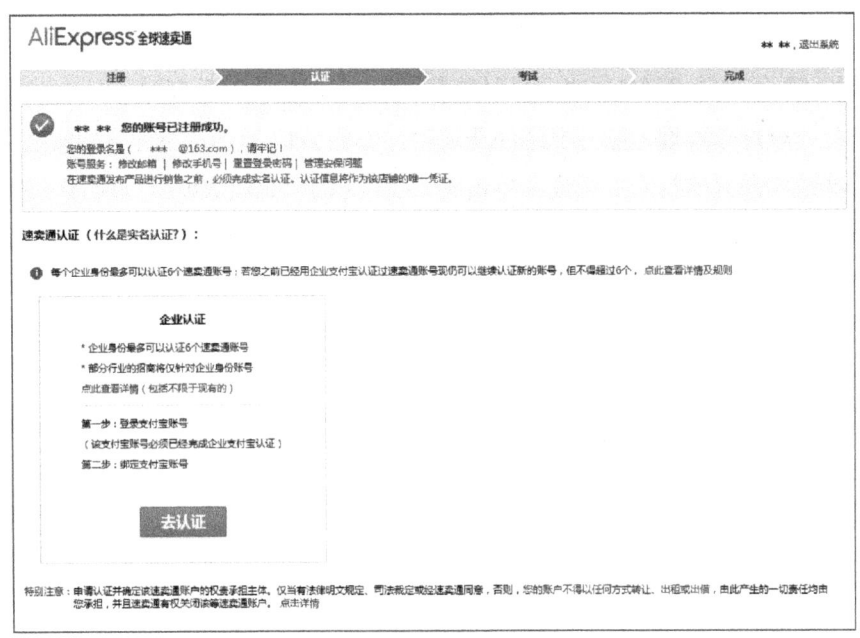

图 2-19 重新认证

全球速卖通为了让新卖家尽快了解相关规则,在进入操作后台之前会有一个开店考试。考试内容主要包括全球速卖通基础操作、发布产品和管理店铺、物流相关问题、平台活动相关问题、支付方式、平台搜索排序、数据纵横、平台处罚、平台纠纷、平台规则等方面的内容。试题的答案可以在全球速卖通平台上找到。

全球速卖通产生 50 个不定项选择题,满分 100 分,90 分及以上合格。合格卖家可以进入全球速卖通后台进行实际操作,不合格的卖家可以重新抽取试题进行考试。

牛刀小试

❖思考题

1. 全球速卖通的店铺注册步骤有哪些?
2. 全球速卖通店铺入驻需要注意哪些问题?

❖操作题

分组登录全球速卖通的首页,注册全球速卖通店铺;或者由老师分配账号,登录全球速卖通,进入店铺管理的后台。

项目三

分析跨境电商的市场

学习目标
❖ 了解主要国家电商市场。
❖ 利用"行业情报"。
❖ 利用"选品专家"。

任务一　了解主要国家电商市场

 任务描述

小林已经注册了全球速卖通的账号,并且完成了注册认证考试等相关步骤,现在他可以开始经营跨境电商的店铺了。为了对全球电商市场有一个较好的了解,他首先要对主要国家的电商市场进行了解,主要是全球速卖通顾客较多的俄罗斯、巴西及欧美市场。

 知识准备

一、俄罗斯和巴西市场

(一)俄罗斯市场

1. 俄罗斯国家概况

俄罗斯是世界上面积最大的国家,总人口 1.431 亿。俄罗斯地广人稀,语言以俄语为主,共有 193 个民族,其中俄罗斯族占 77%。俄罗斯经济结构严重失衡,重工业占工业总产值的 80%,轻工业和食品工业合计比重约占 16%,这一经济结构造成了日常消费品长期严重缺乏,需要依靠国外进口,这为跨境电商在俄罗斯的发展提供了良好的市场。

2. 俄罗斯电子商务现状

俄罗斯海外电商占整个电商总量的 20%,市场规模较大。俄罗斯海外电商主要有 AE、Amazon、eBay,占了整体的 72%。2014 年,海外电子商务零售额比 2013 年增长一倍,发展速度较快。同时,2014 年俄罗斯网购人群规模比 2013 年规模有所增长,增长来源主要是偏远地区团购人群的增长、低收入人群的增长及互联网使用经验相对较少的网购人群的增长。

3. 全球速卖通在俄罗斯的业务概况

全球速卖通在俄罗斯的业务主要有服装、鞋子、配饰、内衣、电子产品等。全球速卖通为吸引更多的俄罗斯买家,并及时抓住不具备英语能力的新买家,在 2014 年 4 月上线了小语种国家站,俄语站成为首批上线的国家站之一。这大大提升了买家的体验,提升了买家的购买效率。全球速卖通以其产品丰富度和价格优势,深受俄罗斯网民的喜爱。

(二) 巴西市场

1. 巴西国家概况

巴西联邦共和国，通称"巴西"，是南美洲最大的国家，享有"足球王国"的美誉。国土总面积854.74万平方公里，居世界第五，总人口2.02亿。与乌拉圭、阿根廷、巴拉圭、玻利维亚、秘鲁、哥伦比亚、委内瑞拉、圭亚那、苏里南、法属圭亚那10国接壤。

巴西共分为26个州和1个联邦区（巴西利亚联邦区），州下设市。历史上巴西曾为葡萄牙的殖民地，1822年9月7日宣布独立。巴西的官方语言为葡萄牙语。国名源于巴西红木。

巴西拥有丰富的自然资源和完整的工业基础，国内生产总值位居南美洲第一，为世界第七大经济体，是金砖国家之一，也是南美洲国家联盟成员，是全球发展最快的国家之一，是重要的发展中国家之一，是航空制造业强国。

巴西的文化具有多重民族的特性，巴西作为一个民族大熔炉，有来自欧洲、非洲、亚洲等地区的移民。足球是巴西人文化生活的主流运动，巴西是2014年世界杯举办国。

2. 巴西电子商务现状

巴西电商的发展非常迅速，全国网购的人群也很普遍。巴西本土网购人群有以下主要特点。首先，以女性为主，35～49岁的占39%。其次，主力社会阶层，英语能力好，高收入人群。高层次人群趋向化妆品、手机、电器、家具、运动产品等。特别是巴西人群对手机和平板电脑需求很高。再次，网购习惯比较成熟。最后，无线市场增长快，使用手机购物的人群很多。

由于无法比拟的价格优势，即便进口税是商品价格的两倍、运送时间超过一个月，仍然有越来越多的巴西人喜欢通过互联网在中国购物，而全球速卖通成为其最常用的网站。因为，在巴西经济陷入衰退期、通货膨胀超过官方目标的环境下，对消费者来说，这样的交易很值。

3. 全球速卖通在巴西的业务概况

经过近几年的发展，全球速卖通已经成为巴西跨境购最普及的网站，平台流量也在日益增长。全球速卖通运营着葡萄牙语及俄语两个小语种网站，葡萄牙语网站是专门针对巴西市场推出的。在物流和支付上，全球速卖通也正加强与巴西本土服务商的合作，如巴西消费者在全球速卖通购物时，普遍使用当地的"boleto"系统（银行转账付款方式）。

巴西在线消费行为研究公司 E-Bit 指出，全球速卖通目前已成为巴西国内最受欢迎的跨境购物网站之一，占据了 20% 的市场份额，仅次于 eBay 和 Amazon。

1. 说说你心中的俄罗斯和巴西？

2. 为什么俄罗斯和巴西的全球速卖通业务发展这么迅速？

二、欧美市场

（一）西班牙市场

西语市场在跨境电商行业中呈现出高速增长的态势，不断吸引着卖家的关注，而西班牙作为西语市场的重点所在更是不容忽视。

1. 西班牙国家概况

西班牙，全称西班牙王国，是一个位于欧洲西南部的国家。地处欧洲与非洲的交界，西邻同处于伊比利亚半岛的葡萄牙，北濒比斯开湾，东北部与法国及安道尔接壤，南隔直布罗陀海峡与非洲的摩洛哥相望，领土还包括地中海中的巴利阿里群岛、大西洋的加那利群岛及非洲的休达和梅利利亚。

该国是一个多山国家，总面积 505 925 平方公里，其海岸线长约 7800 公里，用西班牙语作为官方语言。

西班牙是一个高度发达的资本主义国家，是欧盟和北约成员国，还是欧元区第五大经济体，国内生产总值（GDP）位居欧盟国家第 5 名（2016 年）。

2. 西班牙电子商务现状

西班牙电子商务买家男女比例大约对半分，而买家的年龄集中在 16～34 岁，以学生和上班族为主。他们没有非常高的资金支配能力，所以对商品价格会有一定要求。其中，男生喜欢下载软件、阅读新闻报纸杂志、报税，女生则关注有关健康的信息或高等教育课程。

多数西班牙买家购物时习惯使用计算机浏览购物,手机和平板电脑设备也有一定比例,值得一提的是有 26.2%的买家不只使用一种设备进行购物。

西班牙人购买商品多通过关键词搜索,在购买之前会进行全站比价并参考好评(西班牙人评论为主),而朋友和 Facebook 推荐卖家是他们有限选择的对象。西班牙购物风格多以智能、新奇、时尚、运动、年轻、造型为主,除了单价比较高的产品外,能接受两周内到货。

卖家要特别注意的是,在西班牙销售产品除了要做到尺码齐全外,服装等产品一定要附公分尺码表。

在西班牙市场,还有个不得不提的就是他们的节庆。不同的季节和节日他们需要的类目也不同,如表 3-1 所示。

表 3-1 不同的季节和节日所需类目

节　庆	主　要　类　目
1 月底到 2 月初,Carnaval 嘉年华	服装、假发、舞会配饰、节日彩妆
3 月中到 3 月底,Semana Santa 圣周	户外用品、郊游
3/19,父亲节	手表、领带、袖扣、领带夹、3C 电子
4 月到 5 月,婴儿受洗、婚礼	礼品、相框
5/4,母亲节	皮夹、提包、围巾、别针
5 月底到 6 月,夏天	户外郊游、BBQ
6 月底到 7 月	泳装、海滩用品
8 月底到 9 月初,开学季	文具、箱包、3C 电子
9 月中到 10 月底,Halloween 万圣节	服装、变装、化妆用品
11 月初到 12 月,圣诞节	圣诞树、彩灯、服装、3C 电子、礼品等

3. 全球速卖通在西班牙的业务概况

西班牙是全球速卖通在欧洲成立的第一个国家站,也是 2014 年成长增速最快的市场,更是继巴西、俄罗斯之后拥有独立团队运营的国家站。与 2014 年相比,全球速卖通西班牙站也取得了较大的成绩。其中,UV 大概增长 6 倍,全球速卖通 PC 端排名位居西班牙第一,SNS 社交平台粉丝将近 70 万人。全球速卖通希望从西班牙站开始,逐渐覆盖整个欧洲市场。

2015 年 6 月,全球速卖通开设了西班牙物流专线。通过该专线,卖家的产品可实现 8～15 天内在西班牙大陆地区妥投。

（二）法国市场

法国网站数据研究公司 Inside Onecub 根据覆盖率、平均订单额等指标，发布了法国 50 强电商网站，全球速卖通排名增长迅速。

1. 法国国家概况

法兰西共和国，简称法国，是一个本土位于西欧的国家，海外领土包括南美洲和南太平洋的一些地区。法国为欧洲国土面积第三大、西欧面积最大的国家，东与比利时、卢森堡、德国、瑞士、意大利接壤，南与西班牙、安道尔、摩纳哥接壤。

法国是一个高度发达的资本主义国家，欧洲四大经济体之一，其国民拥有较高的生活水平和良好的社会保障制度，是联合国安理会五大常任理事国之一，也是欧盟和北约创始会员国、申根公约和八国集团成员国，是欧洲大陆主要的政治实体之一。

2. 法国电子商务现状

据 2015 年欧洲电商数据显示，2015 年法国全国总人口 6600 万，网络覆盖率 87%，网购者人数 3600 万，电商收入 568 亿欧元。而欧洲零售业研究报告显示，2015 年法国零售业经济增长 17%，其中在线购物收入达到 8%。而在 2016 年预计的经济增长 16.7%中，电子商务增长将达 9.2%。

近年来，法国最受欢迎的电商产品主要是服饰类、时尚类，紧随其后的是家具园艺、电器类等。因此在最受法国网民欢迎的购物网站里也有专门垂直品类，如家具园艺类 LEROY MERLIN、电子产品类 DARTY 及服装类 La Redoute 等，排名也都在前十。

排名	在线销售平台	行业
1	amazon.fr	大众零售类
2	ebay	大众零售类
3	Cdiscount	大众零售类
4	vente-privee	单独促销类（限时限量）
5	AliExpress	大众零售类
6	fnac	电子产品类
7	showroomprive	单独促销类（限时限量）
8	LEROY MERLIN	家具园艺类
9	DARTY	电子产品类
10	La Redoute	服装类

图 3-1 法国网民最常去的购物网站

3. 全球速卖通在法国的业务概况

据了解，法国网民最常去的购物网站也比较集中，大众零售类亚马逊位居第一，其次为 eBay，而法国在线销售平台 Cdiscount 则排在第三位。法国购物网站前五名中，第四名为限时限量的促销类平台 wente-privee，第五名为阿里巴巴旗下的全球速卖通，如图 3-1 所示。

(三)英国市场

1. 英国国家概况

大不列颠及北爱尔兰联合王国,通称英国,又称联合王国,本土位于欧洲大陆西北面的不列颠群岛,被北海、英吉利海峡、凯尔特海、爱尔兰海和大西洋包围。

英国是由大不列颠岛上的英格兰、威尔士和苏格兰,以及爱尔兰岛东北部的北爱尔兰及一系列附属岛屿共同组成的一个西欧岛国。除本土之外,其还拥有14个海外领地,总人口超过6400万,以英格兰人(盎格鲁-撒克逊人)为主体民族。

英国是世界上第一个工业化国家,首先完成工业革命,国力迅速壮大。18世纪至20世纪初期英国统治的领土跨越全球七大洲,是当时世界上最强大的国家,号称日不落帝国。它在两次世界大战中都取得了胜利,但国力严重受损。到20世纪下半叶大英帝国解体,资本主义世界霸主的地位被美国取代。不过,现在英国仍是一个在世界范围内有巨大影响力的大国。

英国是一个高度发达的资本主义国家,是欧洲四大经济体之一,其国民拥有较高的生活水平和良好的社会保障制度。英国是英联邦元首国、八国集团成员国、北约创始会员国,同时也是联合国安全理事会五大常任理事国之一。

2. 英国电子商务现状

英国政府一贯支持电子商务的发展,欧盟委员会及英国政府制定了一系列的电商交易政策来为电子商务的规范化发展保驾护航。因此,英国的电商发展在欧美国家排名中还是颇有领头羊风范的。

前谷歌执行董事长埃里克·施密特就曾向BBC表明,目前英国已经是世界电商的领导者。英国每年仅投资在科技方面的资金就有数千亿英镑,而电商所获得的资金和政策支持也是其他国家无法比拟的,伦敦拥有很多资产数十亿、百亿甚至千亿英镑的公司,在欧洲大陆这块监管措施良好、电商秩序有序的环境里健康成长,并为大不列颠的经济做出应有的贡献。

英国电商发展态势之好,得益于英国公众上网率迅速增加和上网条件的改善,在互联网接入服务的价格和选择范围上,英国比欧洲多数其他国家更有竞争力。但除国内之外,同样得益于欧洲电商发展的大环境。欧盟正在讨论建立欧洲数字单一化市场的法律框架,电商行业也要求线上线下交易规则统一。

英国电子商务发展迅速,2016年电商营业额达到1860亿美元,英国的电子商务营业额在全球国家中位列第三。

3. 全球速卖通在英国的业务概况

欧洲或将成为全球速卖通的新宠市场，全球速卖通已经在英国进行物流布局。2015年，全球速卖通正式推出线上发货英国专线"中外运-英邮经济小包"，该专线是阿里巴巴旗下菜鸟网络与英国皇家邮政、中外运空运发展股份有限公司，根据全球速卖通在英国市场热销的品类和包裹特点，为全球速卖通卖家提供的定制化物流服务。

（四）美国市场

1. 美国国家概况

美利坚合众国，简称美国，是由华盛顿哥伦比亚特区、50个州和关岛等众多海外领土组成的联邦共和立宪制国家。

美国是一个高度发达的资本主义国家，其政治、经济、军事、文化、创新等实力领先全球。作为世界第一军事大国，其在高等教育水平和科研技术水平及航空技术方面，也是当之无愧的世界第一，其科研经费投入之大、研究型高校企业之多、科研成果之丰富堪称世界典范。

2. 美国电子商务现状

2016年，美国电子商务营业额达6480亿美元，位列全球国家第二，移动电子商务为其贡献了20%。美国网购普及率达79%，但网购频率却不高，每周网购的人仅占15%。

美国线下零售企业的整合度和集中度较高，供应链效率较高，但是电商企业在供应链上的价格和效率优势不明显，所以电商市场规模相对落后于中国。

3. 全球速卖通在美国的业务概况

美国作为电子商务最为活跃的国家之一，其蕴涵了很多商机，全球速卖通在美国的销量位列前五。

从品类份额来看，电子数码、服饰配饰、汽车和配件是市场份额中最高的三大品类。目前，增速最快的是服饰、电子设备、图书音像和汽车配件。不过在类目选择上，还是要多样化，因为美国是一个移民国家，需求多样化。

同时由于美国移动电子商务发展很好，所以要重视全球速卖通移动端，把移动端列为重要环节。另外，美国重视全渠道营销，所以要能通过多种渠道和顾客互动，包括社交媒体、移动终端等。

资料卡

美国人的商业偏好

美国人最关心的首先是商品的质量，其次是包装，最后才是价格。因此产品质量的优劣是进入美国市场的关键。在美国市场上，高、中、低档货物差价很大，如一件中高档的西服零售价在40~50美元，而低档的则不到5美元。商品质量稍有缺陷，就只能放在商店的角落，减价处理。

美国人非常讲究包装，它和商品质量的本身处于平等的地位。因此，出口商品的包装一定要新颖、雅致、美观、大方，能够产生一种舒服惬意的效果，这样才能吸引买家。中国的许多工艺品就因包装问题一直未能打入美国的超级市场。如著名的宜兴紫砂壶，只用黄草纸包装，80只装在一个大箱子中，内以杂纸屑或稻草衬垫，十分简陋，在买家心目中被排在低档货之列，只能在小店或地摊上销售。

每个季节都有一个商品换季的销售高潮，如果错过了销售季节，商品就要削价处理。美国大商场和超级市场的销售季节是：1~5月为春季；7~9月为初秋升学期，主要以销售学生用品为主；9~10月为秋季；11~12月为假期，即圣诞节时期。这时又是退税季节，人们都趁机添置用品，购买圣诞礼物。美国各地商场此时熙熙攘攘，人流不断，对路商品很快就会销售一空。这一时期的销售额占全年销售额的1/3左右。

牛刀小试

❖思考题

1. 俄罗斯和巴西的电子商务市场概况如何？
2. 西班牙和法国的电子商务市场概况如何？
3. 英国和美国的电子商务市场概况如何？

❖操作题

进入全球速卖通不同语言网页，如图3-2所示。

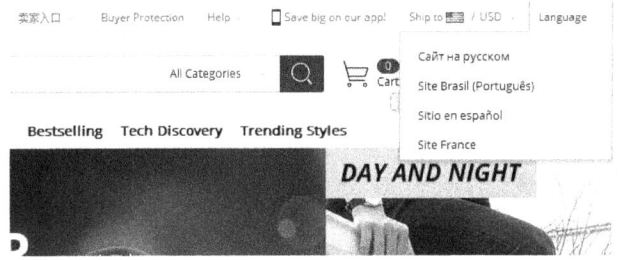

图3-2　全球速卖通不同语言网页

任务二 利用"行业情报"

任务描述

小林通过学习已经了解了主要国家的电商市场情况,接着他需要进一步利用全球速卖通平台提供的"数据纵横"模块进行"选行选品",通过"行业情报",可以帮助我们了解行业的相关信息,以利于选择行业。

知识准备

一、行业概况

企业作为全球速卖通的卖家,要考虑卖什么产品,什么产品好卖。产品品类很多,需要"选行选品",行业和产品选得好,可以让店铺经营事半功倍。

全球速卖通的管理后台有"数据纵横"版块,它提供了"商机发现"的功能,如图 3-3 所示,这里面有"行业情报""搜索词分析"和"选品专家"3 个模块。一般可以使用"行业情报"和"选品专家"帮助我们进行"选行选品"。

图 3-3 数据纵横

在"行业情报"中,提供了"行业概况"和"蓝海行业"两个板块。在"行业概况"中,可以用下拉菜单选择想了解的行业及产品类目,如图 3-4 所示,还可以选择一个时间段,包括最近 7 天、30 天、90 天。

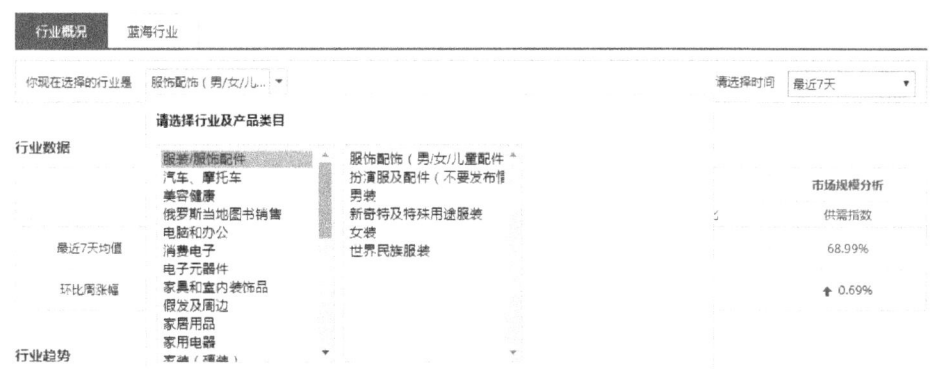

图 3-4　选择行业和时间段

（一）行业数据

如选择“服饰配饰（男/女/儿童配件，婴儿配饰发到婴儿服装）”行业，查看行业最近 7 天的“行业数据”，如图 3-5 所示。

行业数据

	流量分析		成交转化分析		市场规模分析
	访客数占比	浏览量占比	支付金额占比	支付订单数占比	供需指数
最近7天均值	34.92%	18.88%	17.98%	29.01%	68.99%
环比周涨幅	↓ -1.16%	↓ -3.43%	↑ 3.33%	↑ 1.01%	↑ 0.69%

图 3-5　行业数据

访客数占比：统计时间段内行业访客数占上级行业访客数的比例。一级行业占比为该行业占全网比例。

浏览量占比：统计时间段内行业浏览量占上级行业浏览量的比例。一级行业占比为该行业占全网比例。

支付金额占比：统计时间段内行业支付成功金额占上级行业支付成功金额的比例。一级行业占比为该行业占全网比例。

支付订单数占比：统计时间段内行业支付成功订单数占上级行业支付成功订单数的比例。一级行业占比为该行业占全网比例。

供需指数：统计时间段内行业下商品指数/流量指数。该值越大，竞争越激烈；越小，竞争越小。

通过对“服饰配饰（男/女/儿童配件，婴儿配饰发到婴儿服装）”行业最近 7 天的行业数据分析，访客数占比环比周涨幅-1.16%，浏览量占比环比周涨幅-3.43%，数据显示流量比上周减少，不过是否是需求减少，还需要结合更长时间的数据进行分析。

（二）行业趋势

行业趋势包括"趋势图"和"趋势数据明细"两部分。如图 3-6 所示，"趋势图"可以查看一个行业某个相对时间段内的数据趋势情况。访客数占比、浏览量占比、支付金额占比、支付订单数占比、供需指数等都可以查看相应趋势图。

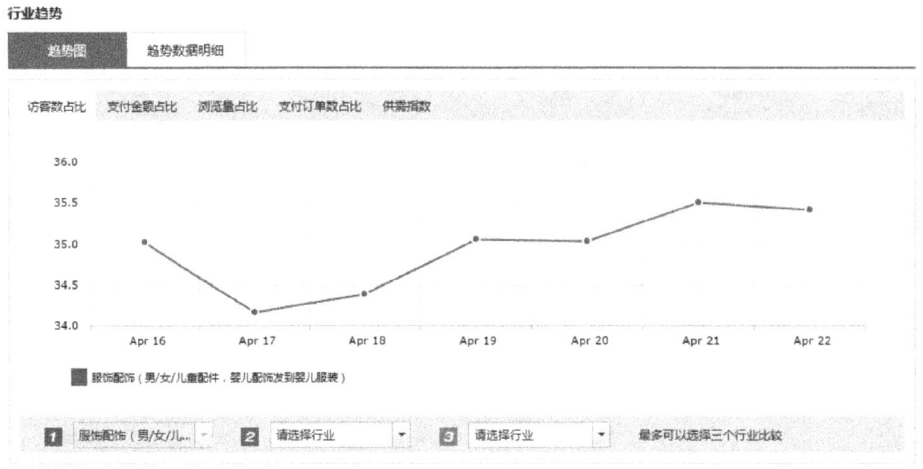

图 3-6　趋势图

在趋势图中，还可以选择另外两个行业进行对比分析，如图 3-7 所示。这里选择了"扮演服及配件"和"男装"，可以看到"服饰配饰（男/女/儿童配件，婴儿配饰发到婴儿服装）"的访客占比最高。

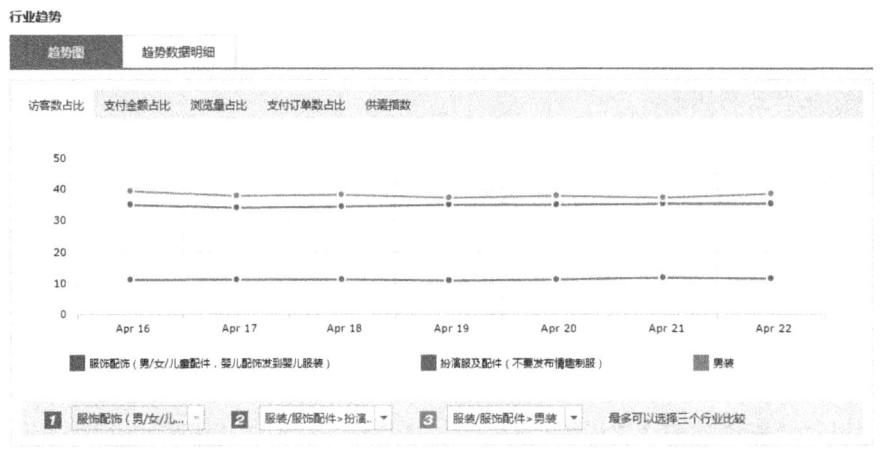

图 3-7　多行业对比图

"趋势数据明细"中提供了所选行业每天的数据，还可以下载 30 天的原始数据做进一步分析，如图 3-8 所示。

项目三 分析跨境电商的市场

行业趋势

	流量分析		成交转化分析		市场规模分析
	访客数占比	浏览量占比	支付金额占比	支付订单占比	供需指数
2017-04-16	35.02%	19.16%	18.15%	28.78%	69.52%
2017-04-17	34.16%	18.94%	18.14%	28.33%	70.62%
2017-04-18	34.38%	18.83%	17.59%	28.96%	70.04%
2017-04-19	35.05%	18.81%	17.64%	29.37%	68.57%
2017-04-20	35.03%	19%	17.99%	28.92%	68.73%
2017-04-21	35.5%	18.88%	18.37%	29.4%	67.49%
2017-04-22	35.41%	18.56%	18.05%	29.06%	67.97%

图 3-8 趋势数据明细

（三）行业国家分布

"行业国家分布"可以看到不同国家对该行业的需要占比，我们可以选择支付金额或访客数查看分布情况。

如图 3-9 所示，"服饰配饰（男/女/儿童配件，婴儿配饰发到婴儿服装）"在俄罗斯的支付金额占比为 24.79%，我们可以针对俄罗斯市场的情况，相对地做一些经营调整。

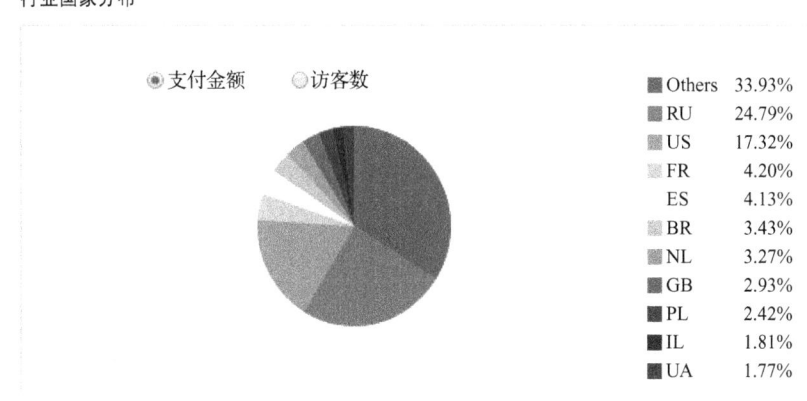

图 3-9 行业国家分布

二、蓝海行业

蓝海指的是未知的，有待开拓的市场空间。蓝海行业指那些竞争尚不大，但又充满买家需求的行业，蓝海行业充满新的商机。

（一）一级行业蓝海程度

数据纵横中提供了 9 个蓝海行业，颜色越深表示竞争越不激烈，卖家会有更大的发展空间，点击圆圈可以查看行业详情，如图 3-10 所示。

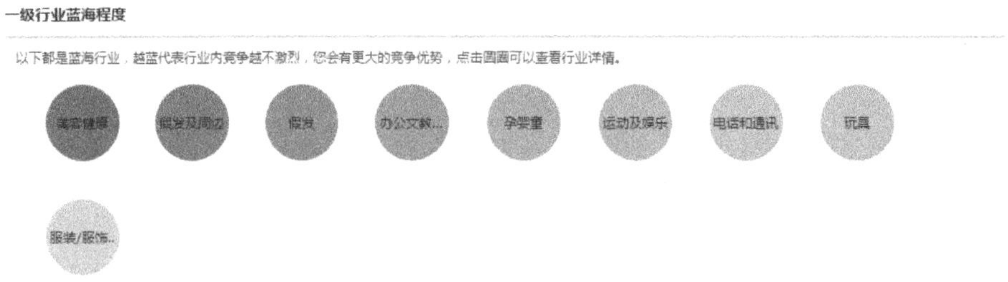

图 3-10　一级行业蓝海程度

（二）蓝海行业细分

蓝海行业细分可以通过筛选，查找特定行业下的蓝海行业。如图 3-11 所示，“美容健康”行业下又细分“护肤品>身体护理>私处护理”“美甲用品及修甲工具>美甲艺术>多功能底油盖油”“护肤品>手部护理>指甲护理”等具体的行业，还提供“供需指数”和行业详情，我们可以通过这个功能选择最终确定经营哪种产品。

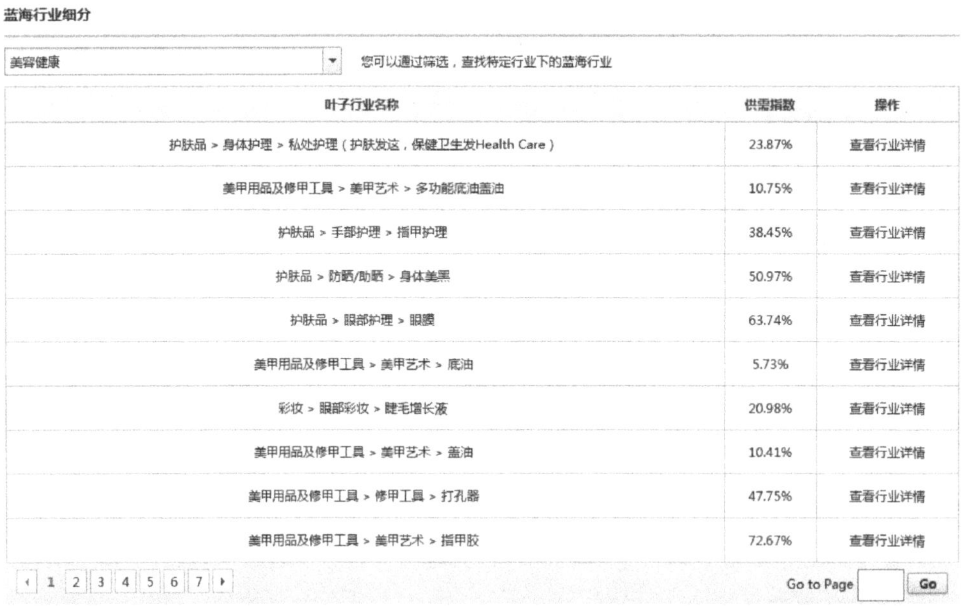

蓝海行业细分

美容健康　您可以通过筛选，查找特定行业下的蓝海行业

叶子行业名称	供需指数	操作
护肤品 > 身体护理 > 私处护理（护肤发这，保健卫生发Health Care）	23.87%	查看行业详情
美甲用品及修甲工具 > 美甲艺术 > 多功能底油盖油	10.75%	查看行业详情
护肤品 > 手部护理 > 指甲护理	38.45%	查看行业详情
护肤品 > 防晒/助晒 > 身体美黑	50.97%	查看行业详情
护肤品 > 眼部护理 > 眼膜	63.74%	查看行业详情
美甲用品及修甲工具 > 美甲艺术 > 底油	5.73%	查看行业详情
彩妆 > 眼部彩妆 > 睫毛增长液	20.98%	查看行业详情
美甲用品及修甲工具 > 美甲艺术 > 盖油	10.41%	查看行业详情
美甲用品及修甲工具 > 修甲工具 > 打孔器	47.75%	查看行业详情
美甲用品及修甲工具 > 美甲艺术 > 指甲胶	72.67%	查看行业详情

1 2 3 4 5 6 7　Go to Page　Go

图 3-11　蓝海行业细分

项目三　分析跨境电商的市场

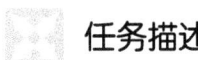 牛刀小试

❖ 思考题

1．行业情报主要提供哪些信息？

2．怎么解读行业数据？

3．什么是蓝海行业，怎么利用"蓝海行业"模块功能？

❖ 操作题

利用行业情报针对某一行业进行分析，并且撰写分析报告。

任务三　利用"选品专家"

 任务描述

小林对行业的相关信息有了一定的了解。作为全球速卖通的卖家，还需要知道什么产品好卖。商品种类繁多，什么商品销量比较好，竞争弱，市场空间大，可以利用"选品专家"为我们提供的信息选好产品。

知识准备

一、热销分析

"选品专家"提供不同行业下热销和热搜的产品，我们可以根据选品专家提供的信息选择或调整产品，也可以用来调整关键词设置。

"热销"可以从行业和国家来查看最近主要市场的热销品类、这些品类的热销属性及热销的特征。如图 3-12 所示，这里选择了服装/服饰配件，国家选全球，时间选最近 1 天，会出现"TOP 热销产品词"界面。圈的大小表现销售热度，圈越大，该产品销售量越高。颜色代表竞争情况，蓝色表示竞争小，红色表示竞争大。

当把鼠标放到某个圈上，会显示相关数据，如图 3-13 所示，"shorts"的成交指数是 18 005，竞争指数小。其中，成交指数是指所选行业所选时间范围内，累计成交订单数经过数据处理后得到的对应指数，成交指数不等于成交量，指数越大成交量越大。竞争指数是指所选行业所选时间范围内，产品词对应的竞争指数，指数越大，竞争越激烈。

49

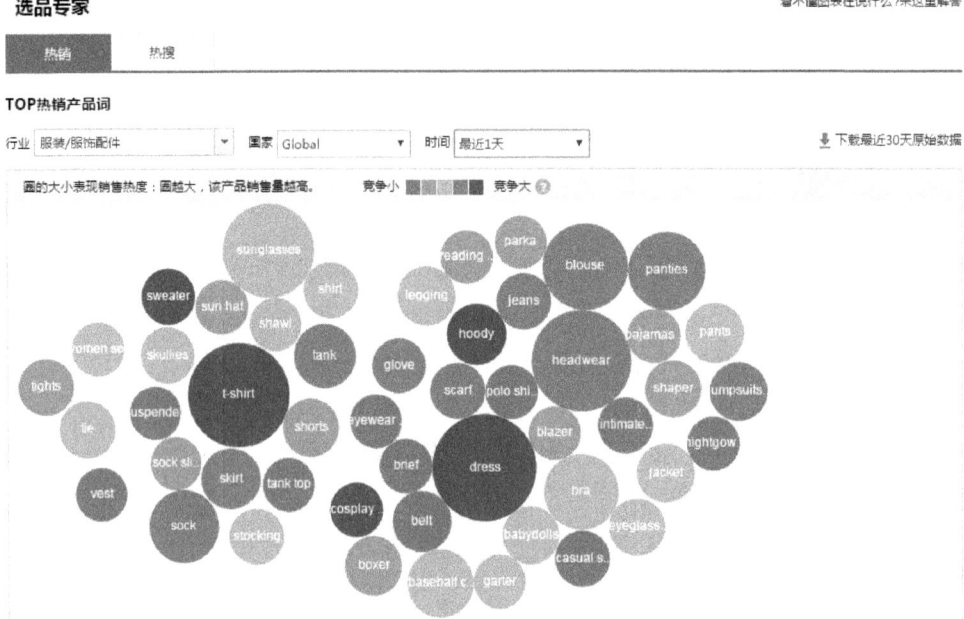

图 3-12　TOP 热销产品词

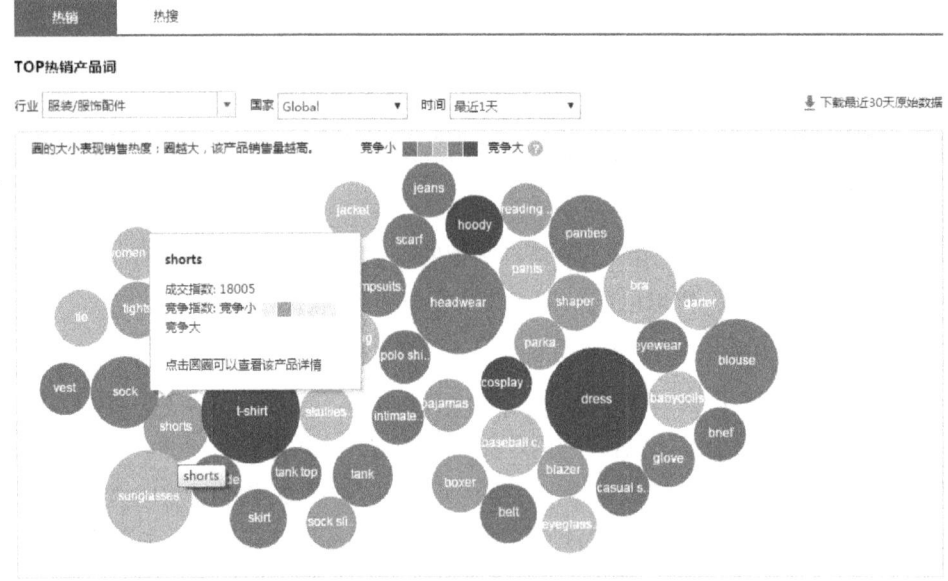

图 3-13　TOP 热销产品词相关信息

也可以下载最近 30 天的原始数据，是一个 Excel 文件，如图 3-14 所示，分别显示了所选行业、国家、商品关键词、成交指数、支付转化率和竞争指数等。我们可以对成交指数、支付转化率及竞争指数等进行排序，选出成交指数较大、支付转化率较高和竞争指数较低的商品，帮助我们确定商品。

项目三　分析跨境电商的市场

	A	B	C	D	E	F
1	行业	国家	商品关键词	成交指数	支付转化率	竞争指数
2	服装/服饰配件	total	babydolls	17451	33	0.52
3	服装/服饰配件	total	baseball cap	43900	5	0.47
4	服装/服饰配件	total	belt	24482	31	0.31
5	服装/服饰配件	total	blazer	3492	47	0.33
6	服装/服饰配件	total	blouse	98867	8	0.89
7	服装/服饰配件	total	boxer	19641	20	0.41
8	服装/服饰配件	total	bra	67560	2	0.51
9	服装/服饰配件	total	brief	6836	41	0.31
10	服装/服饰配件	total	casual shorts	10445	29	0.27
11	服装/服饰配件	total	cosplay costume	6306	50	1.17
12	服装/服饰配件	total	dress	155049	11	1.53
13	服装/服饰配件	total	eyeglass frame	14024	16	0.46
14	服装/服饰配件	total	eyewear case	5074	14	0.21
15	服装/服饰配件	total	garter	4561	26	0.45
16	服装/服饰配件	total	glove	9840	17	0.71
17	服装/服饰配件	total	headwear	139851	3	0.88
18	服装/服饰配件	total	hoody	25324	32	0.91
19	服装/服饰配件	total	intimate accessory	10533	10	0.22
20	服装/服饰配件	total	jacket	19618	36	0.54
21	服装/服饰配件	total	jeans	11865	37	0.61
22	服装/服饰配件	total	jumpsuits playsuits	20469	25	0.78
23	服装/服饰配件	total	legging	21239	22	0.57
24	服装/服饰配件	total	nightgown	5210	46	0.3
25	服装/服饰配件	total	pajamas set	5226	43	0.42

图 3-14　30 天原始数据表

可以进一步点击热销产品词，研究"销量详细分析"，包括"TOP 关联产品""TOP 热销属性"和"热销属性组合"。

"TOP 关联产品"是指与所选产品最相关联的产品。如图 3-15 所示，圆圈面积越大，产品销售量越大；连线越粗，买家同时关注度越高。（同时关注：同时浏览、点击、购买综合。）"shorts"密切关联的产品有"t-short""tank""shirt"和"women set"等。

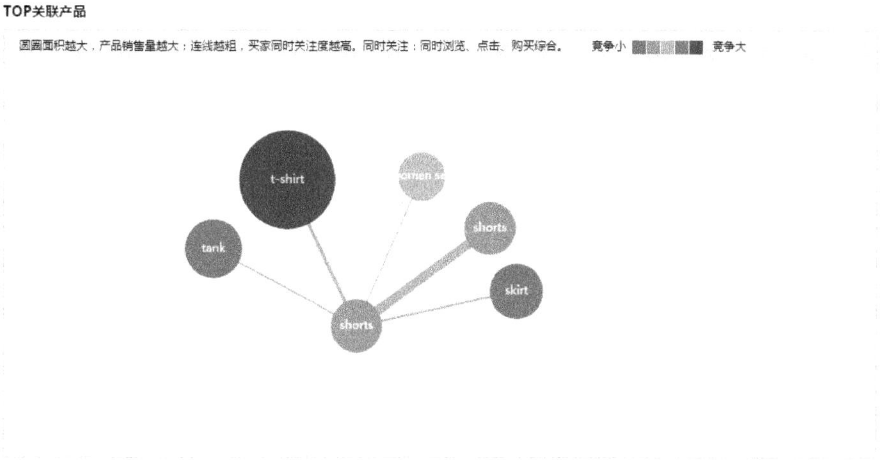

图 3-15　TOP 关联产品

关联产品主要是买家同时关注度高，同时浏览、点击或购买的产品，我们在销售时,可以同时销售这些产品,进行关联销售提升销量。

"TOP 热销属性"是指买家购买产品时所关注的产品属性。每一个圈里面的词是具体的属性值,单击+号可以展开属性值。圆圈面积越大,产品销售量越大。如图 3-16 所示,"model number"的"women shorts"属性最受关注,鼠标放上去之后还会有成交指数。

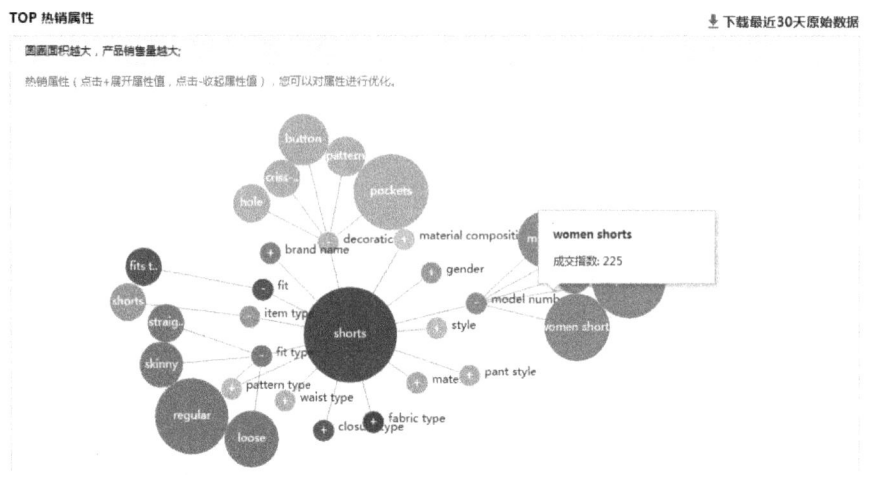

图 3-16　TOP 热销属性

我们也可以下载最近 30 天的原始数据,是一个 Excel 文件,如图 3-17 所示,里面包含了行业、国家、商品关键词、属性名、属性值和成交指数。

	A	B	C	D	E	F
1	行业	国家	商品关键词	属性名	属性值	成交指数
2	服装/服饰配件	Global	shorts	material	cotton	3238
3	服装/服饰配件	Global	shorts	material	polyester	2976
4	服装/服饰配件	Global	shorts	material	spandex	800
5	服装/服饰配件	Global	shorts	material	nylon	255
6	服装/服饰配件	Global	shorts	material	other	245
7	服装/服饰配件	Global	shorts	decoration	pockets	2054
8	服装/服饰配件	Global	shorts	decoration	button	1062
9	服装/服饰配件	Global	shorts	decoration	pattern	595
10	服装/服饰配件	Global	shorts	decoration	hole	519
11	服装/服饰配件	Global	shorts	decoration	criss-cross	484
12	服装/服饰配件	Global	shorts	pattern type	solid	3784
13	服装/服饰配件	Global	shorts	pattern type	floral	278
14	服装/服饰配件	Global	shorts	pattern type	patchwork	203
15	服装/服饰配件	Global	shorts	pattern type	print	199
16	服装/服饰配件	Global	shorts	pattern type	geometric	61
17	服装/服饰配件	Global	shorts	item type	shorts	4725
18	服装/服饰配件	Global	shorts	gender	women	4725
19	服装/服饰配件	Global	shorts	brand name	none	663
20	服装/服饰配件	Global	shorts	brand name	desmiit	487

图 3-17　部分热销属性一栏表

销量详细分析还提供了"热销属性组合",如图 3-18 所示,相同颜色代表一类属性组合,圈越大意味着销量越多。我们可以根据属性组合结合供应情况进行选品。

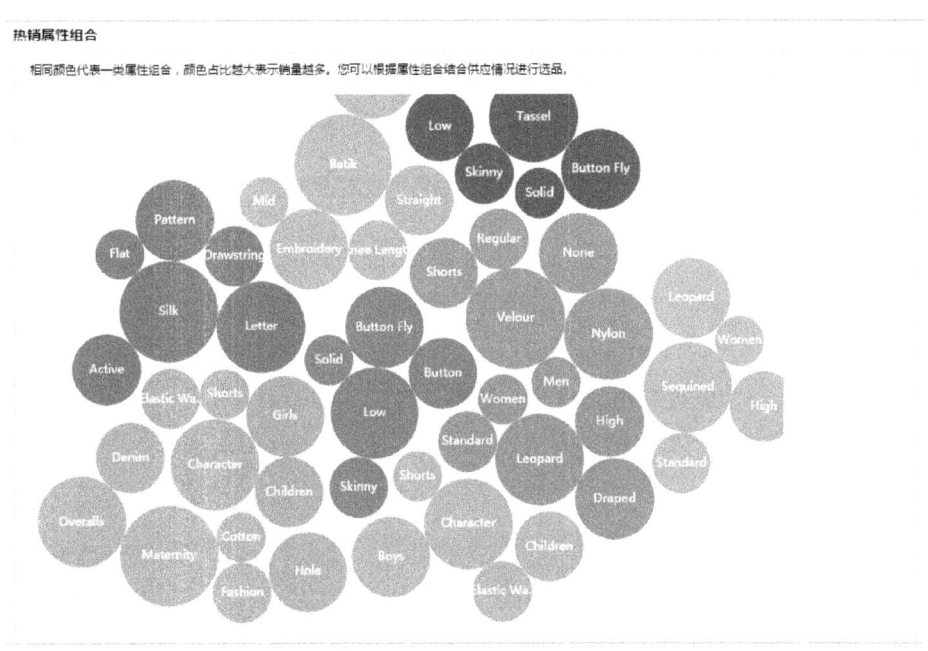

图 3-18 热销属性组合

单击任意属性，会出现如图 3-19 所示的界面。我们可以选择 2~3 个属性组合进行搜索，查找相关的产品信息。

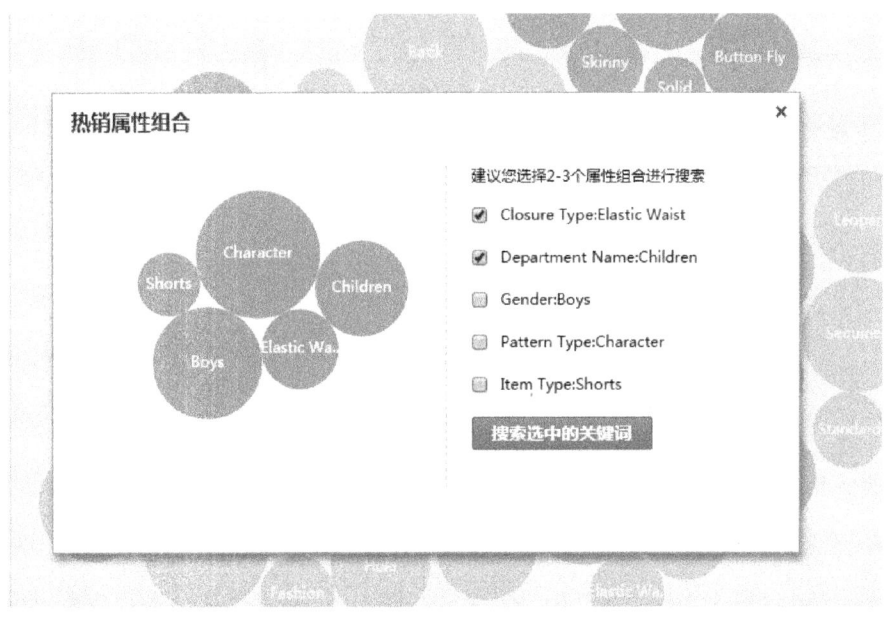

图 3-19 热销属性组合搜索

1. 从"热销"模块中可以获得哪些信息？

2. 怎么利用"热销"模块选品？

二、热搜分析

"热搜"和"热销"很类似，可以帮助我们从行业和国家的角度来获得主要最佳市场的热搜的产品关键词。如图3-20所示，选择行业、国家和时间之后，会出现热搜产品词。圈的大小表现销售热度，圈越大，该产品销售量越高。

图 3-20 TOP 热搜产品词

其中，搜索指数是指所选行业所选时间范围内，搜索该关键词的次数经过数据处理后得到的对应指数。搜索指数不等于搜索次数，指数越大搜索量越大。

单击图中的“下载最近 30 天原始数据”，可以下载一个 Excel 文件，如图 3-21 所示，包括行业、国家、商品关键词、搜索指数、搜索人气、支付转化率和竞争指数等。我们可以利用这些数据进行排序，选出搜索指数和搜索人气较高、支付转化率较高、竞争指数较低的商品，确定相关商品。

	A	B	C	D	E	F	G
1	行业	国家	商品关键词	搜索指数	搜索人气	支付转化率	竞争指数
2	服装/服饰配件	total	accessory	9393	6024	24	864.79
3	服装/服饰配件	total	belt	28812	14492	39	163.71
4	服装/服饰配件	total	black	11091	7583	47	1045.32
5	服装/服饰配件	total	blazer	12747	6809	42	162.93
6	服装/服饰配件	total	blouse	24417	12451	23	638.06
7	服装/服饰配件	total	bodysuit	10334	5644	40	154.07
8	服装/服饰配件	total	bra	28974	14719	9	53.61
9	服装/服饰配件	total	cap	40556	19926	25	1341.28
10	服装/服饰配件	total	cardigan	9137	4584	45	68.37
11	服装/服饰配件	total	clothes	20141	13414	50	391.07
12	服装/服饰配件	total	clothing	31306	20908	48	466.72
13	服装/服饰配件	total	coat	27537	14673	41	1335.14
14	服装/服饰配件	total	costume	60980	34685	46	980.56
15	服装/服饰配件	total	dress	199165	92488	26	143.95
16	服装/服饰配件	total	frame	9458	5340	36	59.44
17	服装/服饰配件	total	glasses	39493	19860	20	63.62
18	服装/服饰配件	total	glove	14369	8174	16	57.66
19	服装/服饰配件	total	hat	42181	22669	6	155.85
20	服装/服饰配件	total	headband	9393	4948	8	159.61

图 3-21　TOP 热搜产品词

我们可以单击圆圈查看“搜索详细分析”，里面有“TOP 关联产品”和“TOP 热搜属性”。例如，单击“shirt”，出现了“TOP 关联产品”。圆圈面积越大，产品搜索量越大；连线越粗，表示搜索关键词 A，又搜索关键词 B 的买家越多。如图 3-22 所示，搜索关键词 shirt 又搜索关键词 dress 的买家较多。

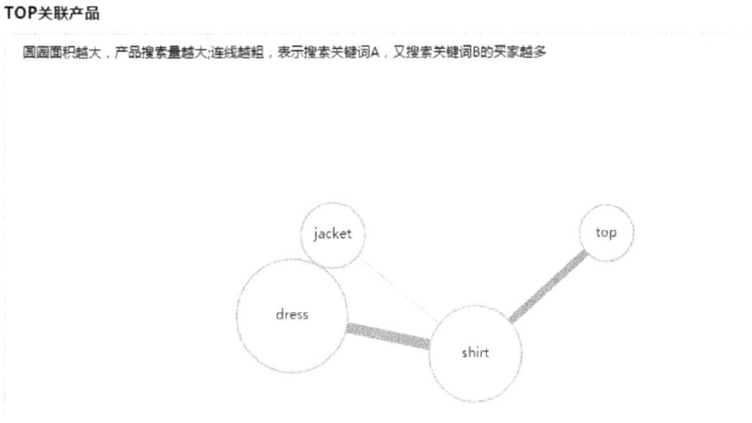

图 3-22　TOP 关联产品

与“热销”类似，这里也有“TOP 热搜属性”，如图 3-23 所示。我们也可以下载最近 30 天的原始数据进行分析，方法与"热销属性"基本相同。

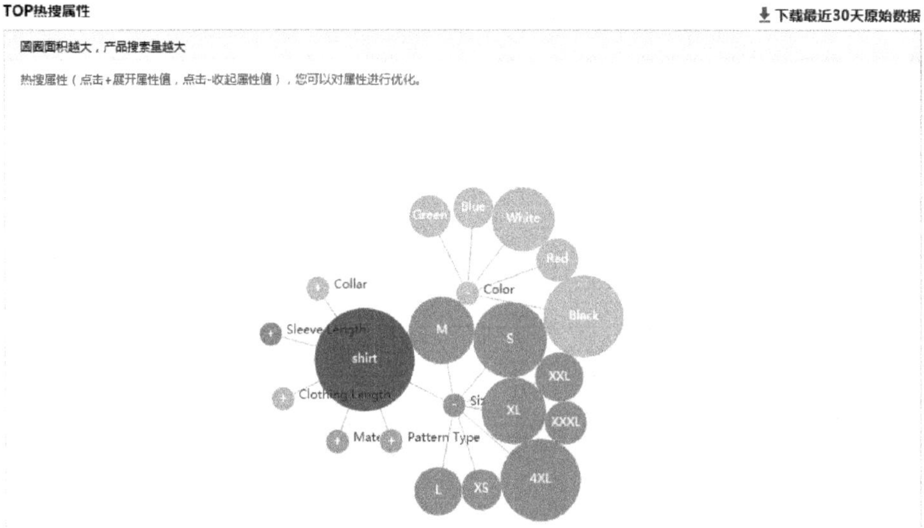

图 3-23　TOP 热搜属性

牛刀小试

❖思考题

1．热销模块中有哪些信息？

2．热搜模块中有哪些信息？

❖操作题

如果企业主要经营服饰配件，利用选品专家选择合适的产品，并且撰写分析报告。

项目四

发布跨境电商的产品

学习目标
- 认识发布规则。
- 发布产品信息。
- 能进行标题优化。
- 能进行产品管理和橱窗推荐。
- 能进行产品分组。

任务一 认识发布规则

任务描述

小林已经通过对跨境电商市场的分析,结合全球速卖通平台提供的"行业情报"和"选品专家"等功能,确定了行业和产品。现在他需要把产品发布到平台,全球速卖通有许多针对产品发布的规则,只有先掌握这些规则,才能更好地规避各种处罚。内容包括平台禁限售规则、知识产权规则和商品信息质量违规等。

知识准备

一、知识产权禁限售违规

知识产权禁限售违规包括知识产权侵权和禁限售违规。

（一）禁限售规则

全球速卖通平台禁止发布违禁商品信息,全球速卖通平台也禁止违规发布限售商品信息。限售商品指发布商品前需取得商品销售的前置审批、凭证经营或授权经营等许可证明,否则不允许发布。全球速卖通禁限售商品目录如表4-1所示。

表4-1 全球速卖通禁限售商品目录

（一）枪支、军警用品、危险武器类
（二）毒品、易制毒化学品、毒品工具类
（三）易燃易爆、危险化学品类
（四）反动等破坏性信息类
（五）色情低俗、催情用品类
（六）涉及人身安全、隐私类
（七）药品、医疗器械、美容仪器类
（八）非法服务、票证类
（九）动植物、动植物器官及动物捕杀工具类
（十）涉及盗取等非法所得及非法用途软件、工具或设备类
（十一）烟草及制品、电子烟类
（十二）收藏类
（十三）虚拟类
（十四）其他类
详细产品和处罚见全球速卖通平台上的《全球速卖通禁限售商品目录》

项目四　发布跨境电商的产品

违规处理

　　平台将违规行为根据违规性质归类分为知识产权禁限售违规、交易违规及其他、商品信息质量违规、知识产权严重违规4套积分制。4套积分分别扣分、分别累计、处罚分别执行。

　　知识产权禁限售违规：知识产权侵权一般违规及禁限售等商品发布违法行为；积分累计达48分，账号将执行关闭。

　　知识产权严重违规：知识产权侵权严重违规行为；侵权严重违规行为实行三次违规成立者关闭账号（侵权情节特别严重者直接关闭账号）。

　　交易违规及其他：交易违规行为及其他平台杜绝的违规行为；积分累计达48分，账号将执行关闭。

　　商品信息质量违规：搜索作弊等商品发布违规行为；积分累计达12分及12分倍数，账号将执行关闭。

　　积分清零逻辑：4套积分的每个违规行为的分数按行为年累计计算，行为年是指每项扣分都会被记365天，如2013年2月1日12点被扣了6分，这个6分要到2014年2月1号12点才被清零。

（二）知识产权规则

在全球速卖通平台，严禁用户未经授权发布、销售涉及第三方知识产权的商品。知识产权侵权行为包括但不局限于以下三类，如表4-2所示。

表4-2　知识产权侵权行为

侵权行为类型	定　义
商标侵权	未经商标权人的许可，在商标权核定的同一或类似的商品上使用与核准注册的商标相同或相近的商标的行为，以及其他法律规定的损害商标权人合法权益的行为
专利侵权	未经专利权人许可，以生产经营为目的，实施了依法受保护的有效专利的违法行为
著作权侵权	未经著作权人同意，又无法律上的依据，使用他人作品或行使著作权人专有权的行为，以及其他法律规定的损害著作权人合法权益的行为

详细的处罚规则如表4-3所示。

表 4-3 知识产权侵权规则

侵权类型	定义	处罚规则
商标侵权	严重违规：未经注册商标权人许可，在同一种商品上使用与其注册商标相同或相似的商标	1. 三次违规者关闭账号 2. 侵权情节特别严重者，直接关闭账号
商标侵权	一般违规：其他未经权利人许可使用他人商标的情况	1. 首次违规扣 0 分 2. 其后每次重复违规扣 6 分 3. 累计达 48 分者关闭账号
著作权侵权	严重违规：未经著作权人许可复制图书、电子书、音像作品或软件	1. 三次违规者关闭账号 2. 侵权情节特别严重者，直接关闭账号
著作权侵权	一般违规：其他未经权利人许可使用他人著作权的情况	1. 首次违规扣 0 分 2. 其后每次重复违规扣 6 分 3. 累计达 48 分者关闭账号
专利侵权	外观专利、实用新型专利、发明专利的侵权情况	1. 首次违规扣 0 分 2. 其后每次重复违规扣 6 分 3. 累计达 48 分者关闭账号 （严重违规情况，三次违规者关闭账号）

备注：

1．速卖通会按照侵权商品投诉被处理或速卖通平台抽样检查时的状态，根据相关规定对相关卖家实施适用处罚；

2．同一天内所有一般违规，包括所有投诉及速卖通平台抽样检查，扣分累计不超过 6 分；

3．同一天内所有严重违规，包括所有投诉及速卖通平台抽样检查，只会作一次违规计算；三次严重违规者关闭账号，严重违规次数记录累计不区分侵权类型；

4．违规处罚包括但不限于退回商品/信息及/或删除商品/信息；

5．每项违规行为由处罚之日起有效 365 天；

6．针对会员侵权情节特别严重的行为，速卖通除直接关闭账号外，还将在关闭账号之日起，冻结关联支付宝账户资金，其中原因包括以确保消费者或权利人在行使投诉、举报、诉讼等救济权利时，其合法权益得到保障；

7．会员因涉嫌侵权行为被司法执法机关立案或调查，速卖通有权配合司法执法机关对会员账号采取管理措施，包括但不限于关闭账号及其关联账号、冻结关联支付宝账户资金、其他速卖通认为合适的措施等，直至案件办理终结及/或速卖通认为合适为止；

8．速卖通保留以上处理措施等的最终解释权及决定权，也会保留与之相关的一切权利

二、商品信息质量违规

商品信息质量违规主要包括搜索作弊、商家图片盗用投诉等商品发布违规行为。

（一）搜索作弊

1．关联性作弊

（1）类目错放：商品实际类别与发布商品所选择的类目不一致。

（2）属性错选：用户发布商品时，类目选择正确，但选择的属性与商品的实际属性不一致的情形。

（3）标题堆砌：在商品标题中出现关键词使用多次的行为。

（4）黑五类商品错放：订单链接等处设置的运费低于实际收取的运费的行为。

（5）标题类目不符：商品类目或标题中部分关键词与实际销售产品不相符。

（6）计量单位作弊：发布商品时，将计量单位设置成与商品常规销售方式明显不符的单位；或者将标题、描述里的包装物也作为销售数量计算，并将产品价格平摊到包装物上，误导买家的行为。

2. 价格不符

（1）商品超低价：卖家以较大偏离正常销售价格的低价发布商品，在默认和价格排序时，吸引买家注意，骗取曝光。

（2）商品超高价：卖家以较大偏离正常销售价格的高价发布商品，在默认和价格排序时，吸引买家注意，骗取曝光。

（3）SKU作弊：卖家以刻意规避商品SKU设置规则，滥用商品属性（如套餐、配件等）设置过低或不真实的价格，使商品排序靠前（如价格排序）的行为；或者在同一个商品的属性选择区放置不同商品的行为。

（4）运费不符：卖家在标题及运费模板等处设置的运费低于实际收取的运费的行为。

3. 销量作弊

更换商品，指通过对原有商品的标题、价格、图片、类目、详情等信息的修改发布其他商品（含产品的更新换代，新产品应选择重新发布），对买家的购买造成误导；但如修改只涉及对原有产品信息的补充、更正，而不涉及产品更换，则不视为"更换产品"的行为。

（二）其他商品发布违规

1. 留有联系信息

任何字段或图片中禁止出现联系方式，如邮箱、QQ、ICQ、MSN、SKYPE等；同时在任何描述中禁止出现非全球速卖通平台的网站链接。

2. 其他不当发布行为

在商品、店铺标题、描述中带有攻击性、亵渎性、虚假等违法或有违道德的文字图片，或者信息内容与所发布的商品不相关或带有诱导性或其他不恰当语言，如：

（1）发布非英文信息。

（2）信息类型设置错误：如求购与销售信息混淆。

（3）非商业信息：如单纯的工厂、车间展示、求职、征婚、投诉、求医等。

(4)不当使用第三方软件发布商品。

(5)其他通过虚假、恶意规避的方式不当发布的行为。

3. 商家图片盗用投诉

摄影作品侵权投诉,简称盗图投诉,一般指未经允许将他人的摄影作品作为自己的产品图片等进行展示、查看详细信息。扣分 6 分/次,首次投诉不扣分;首次投诉 5 天内算一次;其后一天内若有多次投诉成立扣一次分。时间以投诉结案时间为准。

4. 商家水印图盗用投诉

卖家在所发布的商品信息或所使用的店铺名、域名等中不当使用他人水印图等,或者卖家所发布的商品信息或所使用的其他信息造成消费者误认、混淆。扣分 6 分/次,首次投诉不扣分;首次投诉 5 天内算一次;其后一天内若有多次投诉成立扣一次分。时间以投诉结案时间为准。

(三)商品发布违规处罚

1. 搜索作弊

搜索作弊的违规行为类型和相应的处罚如表 4-4 所示。

表 4-4 搜索作弊处罚

违规行为类型	处 罚 方 式
类目错放	1. 违规商品给予搜索排名靠后或下架删除的处罚。 2. 系统核查到搜索作弊商品将在产品管理—商品诊断中展示,请卖家关注并整改。同时在商品诊断统计中展示的 6 类违规行为(类目错放、属性错选、重复铺货、运费不符、标题类目不符、标题堆砌)纳入商品信息质量违规积分体系,根据违规商品数系统自动进行每日扣分。 违规商品数在[1,50),不扣分; 违规商品数在[50,500),0.2 分/天; 违规商品数在 500 及以上,0.5 分/天。 3. 在系统自动扣分基础上,根据卖家搜索作弊行为的严重程度对整体店铺给予搜索排名靠后或屏蔽的处罚;同时情节特别严重的,平台将依据严重扰乱市场秩序规则保留扣分冻结或直接关闭账号的处罚。 注:对于更换商品的违规行为,平台将增加清除该违规商品所有销售记录的处罚
属性错选	
著作权侵权	
标题堆砌	
黑五类商品错放	
重复铺货	
广告商品	
描述不符	
计量单位作弊	
商品超低价	
商品超高价	
运费不符	
更换商品	
SKU 作弊	
标题类目不符	

2. 其他商品发布违规

其他商品发布违规行为类型和处罚方式如表 4-5 所示。

表 4-5 其他商品发布违规处罚

违规行为类型	处罚方式
留有联系信息	1. 商品信息退回或删除。 2. 初犯者平台将给予警告；违规商品信息过多或屡犯者，全球速卖通平台将视违规行为情节保留扣分及直接关闭账号处罚的权利
违反特定行业商品发布规范	1. 商品信息退回或删除。 2. 初犯者平台将给予警告；违规商品信息过多或屡犯者，全球速卖通平台将视违规行为情节严重程度保留扣分及直接关闭账号处罚的权利。 3. 对于违反特定行业商品发布规范的违规订单，全球速卖通将关闭订单，如买家已付款，无论物流状况均全额退款给买家，卖家承担全部责任
其他不当发布行为	1. 商品信息退回或删除。 2. 初犯者平台将给予警告；违规商品信息过多或屡犯者，全球速卖通平台将视违规行为情节严重程度进行搜索排名靠后、保留扣分及直接关闭账号处罚的权利。 3. 对于不当使用第三方软件发布商品的行为，初犯者下架全部商品；情节严重的保留扣分及直接关闭账号处罚的权利

 牛刀小试

❖思考题

1. 知识产权侵权行为主要有哪些？
2. 搜索作弊主要包括哪些？

❖操作题

1. 进入全球速卖通平台，查看《全球速卖通禁限售商品目录》，并做记录。
2. 进入全球速卖通平台，查看《全球速卖通知识产权规则》，并作记录。

任务二　发布产品

任务描述

小林已经通过全球速卖通平台发布规则的学习，掌握了与发布有关的平台规则。现在他需要把经营的产品发布到平台。本任务要掌握产品信息的发布，主要是选择相应的类目，填写产品基本信息和标题优化等。

知识准备

一、产品信息发布

根据全球速卖通的规则,只有发布 10 个产品以上,才能开通店铺。下面来发布店铺产品。我们可以从"我的速卖通"里面的"快速入口"选择"发布产品",进入发布产品的界面,如图 4-1 所示。

也可以从"产品管理"模块的"发布产品"进入产品发布界面,如图 4-2 所示。

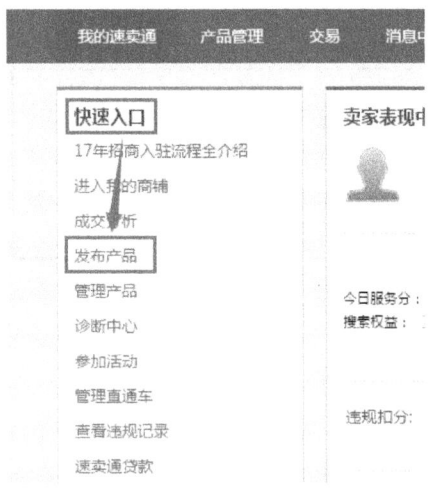

图 4-1　我的速卖通　　　　　　图 4-2　产品管理

(一)选择产品类目

首先,需要选择产品的类目,先是一级类目,每个一级类目下还会有二级类目和三级类目等,如图 4-3 所示。

我们可以从以下几个方面避免类目错放:

(1)要对平台的各个行业、各层类目有所了解,知道自己所售商品从属性上来讲应该放到哪个大类目下。

(2)可在线上通过商品关键词查看此类商品的展示类目,作为参考。

(3)根据自己所要发布的商品逐层查看推荐类目层级,也可以参考使用商品关键词搜索推荐类目,从而在类目推荐列表中选择最准确的类目,发布同时要注意正确填写商品重要属性(发布表单中标星号*或绿色感叹号)。

图 4-3　选择类目

商品被判为类目错放了，可以单击类目错放诊断界面上的"类目修改"，直接选择系统推荐的"正确类目"，或者是回到发布商品界面，用比较宽泛的商品词进行搜索，查看发布系统自动推荐类目列表，并从列表中选择正确的商品发布类目。

系统推荐类目准确性超过 95%，但可能会出现极小部分商品推荐类目不完全准确的情况。一方面，类目推荐是基于线上相同或相似商品标题，如果线上绝大部分相同或相似商品本身标题填写有问题，可能会推荐不够准确；另一方面，网站的类目架构不够完善，还在持续完善中，如果在类目中找不到合适的类目，可以向工作人员反馈。

（二）完善产品属性

接着会进入发布产品界面，首先我们需要完善产品属性信息。2017 年 1 月 3 日开始，除"部分类目"外，新发商品必须选择商品所对应的品牌。若不选择品牌或选择"NONE（无品牌）"，则商品将发布不成功。

产品属性是买家选择商品的重要依据，因此要详细、准确地填写系统推荐属性。自己也可以"添加自定义属性"，每个产品最多可以添加 10 个自定义属性，如图 4-4 所示。

在商品信息中，属性对于产品的曝光和成交转化引导有着非常重要的作用。在发布产品的页面，有些有绿色的感叹号（!），这表示是关键的属性，是买家特别关注的属性。为了提升产品的曝光，促进产品的转化，要填写好这些关键属性。

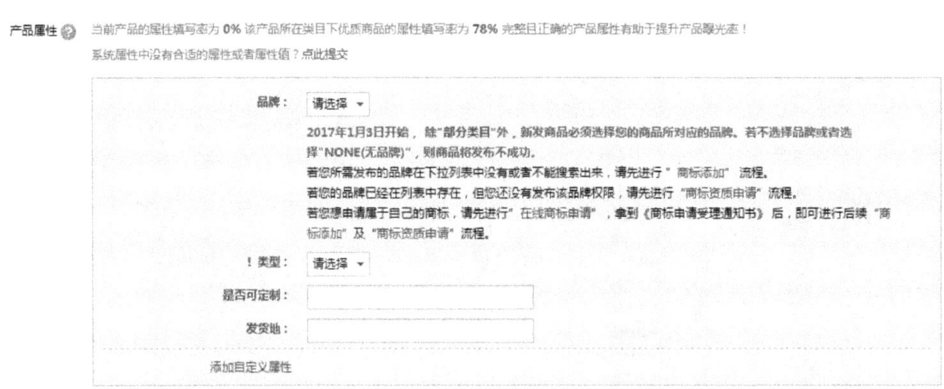

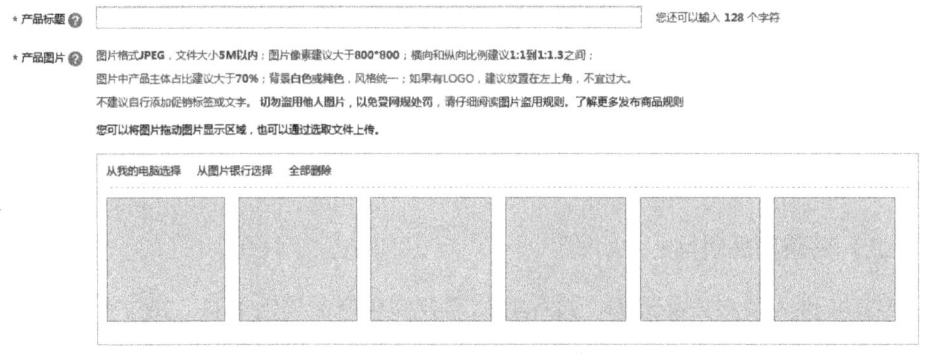

图 4-4 产品属性

为避免关键属性漏填,我们要对商品有充分的了解,熟知哪些属性是买家最关心的属性,在搜索诊断工具中可以查看自己店铺中是否有商品缺失关键属性,并马上予以回填。

(三)产品标题和图片

如图 4-5 所示为填写产品标题位置和上传图片位置。产品标题是对产品的一个关键性描述,为了让买家找到我们的产品,买家用到的词就是我们需要设置的词,关于标题优化的内容在下一节中会详细介绍。

图 4-5 产品标题和图片

每个产品可以上传 6 张图片,图片可以从计算机里选取,也可以从已经存放在"图片银行"中的图片上传。图片格式只能是 JPEG 格式,大小不能超过 5MB。6 张图片中,第一张图片默认为主图,如果顾客使用手机购物,展示的只是主图,所以要特别注意对主图的处理。

(四)销售方式、价格、库存和发货期等

如图 4-6 所示,我们要选择最小计量单位、销售方式、颜色、尺寸、零售价、批发价、库存、发货期等。由于不同的产品属性不一样，这一部分要填制的内容也不一样。

图 4-6 销售方式、价格、库存和发货期

1. 最小计量单位、销售方式、颜色、尺寸

最小计量单位是所售卖的产品单个产品的量词。销售方式是根据质量、体积和货值决定是单件出售或打包出售。一般来说，产品单价较高，质量和体积较大的产品适合单件卖；而产品单价较低，质量和体积较小的产品（如珠宝首饰、3C 配件等）适合多个组成一包出售。

如图 4-7 所示，当选择颜色后，可以自定义颜色的名称。当勾选尺寸，系统会自动显示"颜色"和"尺寸"的排列组合情况，可以对应地填入相应的"零售价"和"库存数量"。同时，可以填写自定义的商品编码，主要是为了在大量商品上架的情况下方便管理。

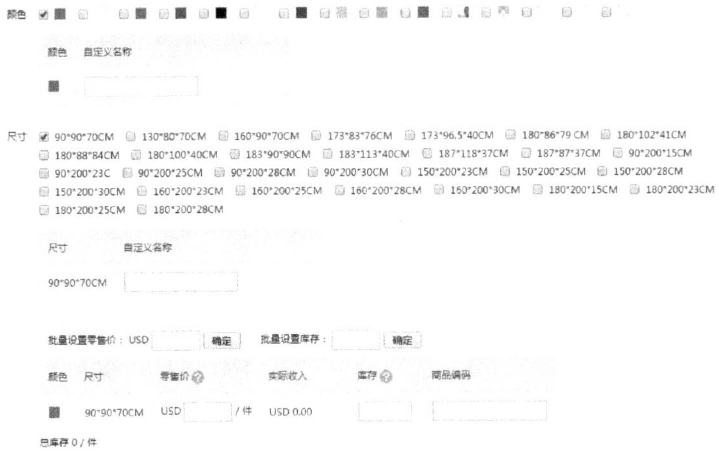

图 4-7 颜色和尺寸

对于服装等来说，尺码是非常重要的信息，可以从"产品管理"中的"模板管理"里的"尺码模板"创建服装尺码等。

2. 价格

零售价（上架价格），即在买家页面展示的价格。我们要合理设置商品价格，不要出现超高价、超低价、运费倒挂等价格作弊行为。例如，卖家发布一款手机，将价格设置成 0.1 美元销售，会被判为超低价销售。

对于支持批发的商品，可勾选"支持""批发价"，同时在弹出的窗口中设置起批数量和批发价格。批发价格以折扣形式填写。例如，零售价为$100，"批发价在零售价基础上减免 10%，即 9 折"，表示批发价为$90。

在定价的时候，还需注意以下两个概念：

（1）销售价格。销售价格是在店铺折扣下显示的价格。

$$销售价格=零售价×折扣$$

（2）成交价格。成交价格指用户在最终下单后所支付的单位价格。

$$成交价格=销售价格-营销优惠（满立减、优惠券、卖家手动优惠等）$$

在定价时要结合产品成本、运费、平台佣金、营销费用和其他经营成本等，对不同的产品采取不一样的定价策略。以下提供几种定价策略作为参考：

（1）低价竞争策略。研究同行业卖家、同质产品销售价格，确定行业最低价，以最低价减（5%~15%）为产品销售价格。用销售价格再计算上架价格，不计得失确定成交价。上架价格可用两种方法：

$$上架价格=销售价格/（1-15\%）$$

$$上架价格=销售价格/（1-30\%）$$

第一种策略成本较高，主要是用重金打造爆款，简单、有效，但不可持续，风险较大。第二种策略相对来说保守一些，可以通过后期调整折扣来让销售价格回到正常水平。两种定价都可以在 15%折扣下平出或略亏，作为引流爆款。

（2）成本加成定价策略。通过计算产品的成本价，根据产品单位成本价加一定百分比的毛利来确定产品的销售价格。产品的销售价格确定后，根据店铺营销的安排，确定上架价格。例如，产品成本是 3$，按照全球速卖通目前的平均毛利润率（15%），还有全球速卖通成交佣金费率 5%，以及部分订单产生的联盟费用 3%~5%。我们可以设置：

$$销售价格=3\$÷（1-0.05-0.05）÷（1-0.15）=3.92\$$$

或者再保守一些设置：

$$销售价格=3\$÷（1-0.05-0.05-0.15）=4\$$$

其中，5%的联盟佣金并不是所有订单都会产生，但考虑到部分满立减、店铺优惠券直通车等营销投入，以5%作为营销费用基本没有差错。

当然，这其中还可以加入丢包及纠纷损失的投入，按照邮政小包1%的丢包率来算，又可以得到：

$$销售价格 = 3\$ \div (1-0.05-0.05-0.01) \div (1-0.15) = 3.96\$$$

或者再保守一些设置：

$$销售价格 = 3\$ \div (1-0.05-0.05-0.15-0.01) = 4.05\$$$

得到销售价格后，我们需要考虑该产品是通过活动或作为一般款来销售。假如作为活动款，那么，按照平台通常活动折扣要求40%来计算：

$$上架价格 = 销售价格 \div (1-0.4)$$

平时打40%折扣，活动最高可以到50%。

（3）盈亏平衡定价策略。一般作为一般款的定价，建议折扣参数不低于15%，因为平台大促所要求的折扣是这个数字，不高于50%，因为折扣过大容易产生虚假折扣的嫌疑。而根据全球速卖通官方的统计，折扣在30%左右是买家最钟情的折扣，属于合理预期范围。作为一般款销售，可以大致设置：

$$上架价格 = 销售价格 \div (1-0.3)$$

即平时打30%折扣。

对于50%折扣的活动要求，基于以上定价的模式，基本上相当于平出，不会亏本或略亏，假如客户购买两个及两个以上，就可以赚到一笔。

3. 库存

库存表示特定属性的商品是否有货。若选择"无货"，则买家无法在商品页面选择该属性下单。库存扣减方式主要有两种：

（1）下单减库存，是指买家拍下商品，下单成功后锁定库存，给予一定的付款时间，待付款成功后实际扣减库存，超时未付款锁定库存释放。存在恶拍（即恶意将商品库存全部拍完）风险，如需避免超卖可选此方式。

（2）付款减库存，是指买家拍下商品并完成付款后扣减库存，期间不对库存进行锁定，以先付款为准。存在超卖（当商品库存接近0时，如果多个买家同时付款购买此宝贝，将可能会出现"超卖缺货"现象）风险，如需减少恶拍可选此方式。

4. 发货期

发货期中发货时间从买家下单付款成功且支付信息审核完成（出现发货按钮）后开始计算。假设设置的发货时间为3天，买家下单付款成功且发货按钮出现后，必须在3日内填写发货信息（周末、节假日系统会做相应顺延）。若卖家未在发货时间内填写发货信息，系统会关闭订单，货款将全额退还给买家。建议卖家发货后及时在发货期内填写发货信息，否则可能出现货款两失的情况。发货期现在一般都不超过 5 天。

（五）产品详情

产品的详细描述是让买家全方面了解商品并有意向下单的重要因素。优秀的产品描述能增强买家的购买欲望，加快买家下单速度。促成买家下单的详细描述大都包含以下几个方面：

（1）商品重要的指标参数和功能，如服装的尺码表，电子产品的型号及配置参数。

（2）5 张及以上详细描述图片。

（3）售后服务条款。

在编辑产品详细描述时，会经常用到"产品信息模板"，我们可以从"产品管理"里的"模板管理"中的"产品信息模板"进入产品信息模板的创建。产品信息模块是一种新的管理产品信息的方式，我们可以为产品信息中的公共信息（如售后物流政策等）单独创建一个模块，并在产品中引用。如果需要修改这些信息，只需要修改相应的模块即可。模块除了可以放置公共信息外，还可以放置在关联产品中。

除此之外，还有产品视频可以上传，使用视频介绍产品功能或使用方法，建议视频时长不超过 4 分钟，画面长宽比 16∶9，需审核通过后展示，展示位置为详细描述顶部，如图 4-8 所示。

图 4-8　产品视频

另外，随着无线端的流量的增加，也要重视无线详情的制作，如图 4-9 所示。

图 4-9　无线详情

（六）包装信息

包装信息主要填写产品包装后的质量和尺寸，如图 4-10 所示。产品包装后的质量和尺寸决定了产品的运费，所以在填写时要避免因填写错误而造成的运费损失和交易性降低。

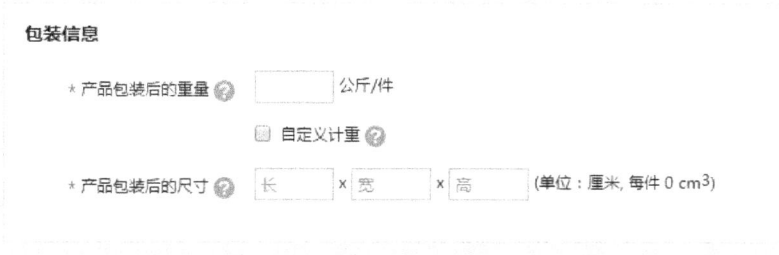

图 4-10　包装信息

我们也可以填写自定义计重，当完整填写自定义计重的信息后，系统会按照设定来计算总运费，忽略产品包装尺寸；对于体积重大于实重的产品，我们需谨慎选择填写，可以计算出体积重后填写。

不同的物流公司计算运费的方式会有所不同。EMS、专线服务、中国邮政大小包和香港邮政大小包以产品包装实重来计算运费。Fedex、UPS、DHL、TNT 等会根据产品包装实重和产品包装体积重（材积）两者的较高值来计算运费。体积重（材积）计算公式：长（cm）×宽（cm）×高（cm）÷5000=质量（kg）。

我们需要尽可能准确地填写包装信息，因为在不包邮的情况下，系统会根据填写的信息计算运费显示给买家，计算出来的运费过高则可能吓跑买家，过低则可能会亏损。

（七）物流设置

物流设置主要是选择"运费模板"，运费模板是我们的产品可支持的物流方式及各物流方式的折扣信息，可以设置多套模板，设置其中一套为默认模板。关于物流的详细内容将在项目九中介绍。

（八）服务模板

服务模板是对客户购买产品后遇到问题时如何解决进行的说明，如货不对版服务，退货顾客需要退货时运费谁来承担，无理由退货是否接受等。全球速卖通已经设置好了新手服务模板，新卖家可以直接选择。

也可以自己通过"新增服务模板"，设置新的服务模板。还可以通过"产品管理"

里的"模板管理"中的"服务模板",单击相应"新增服务模板"添加,如图 4-11 所示。

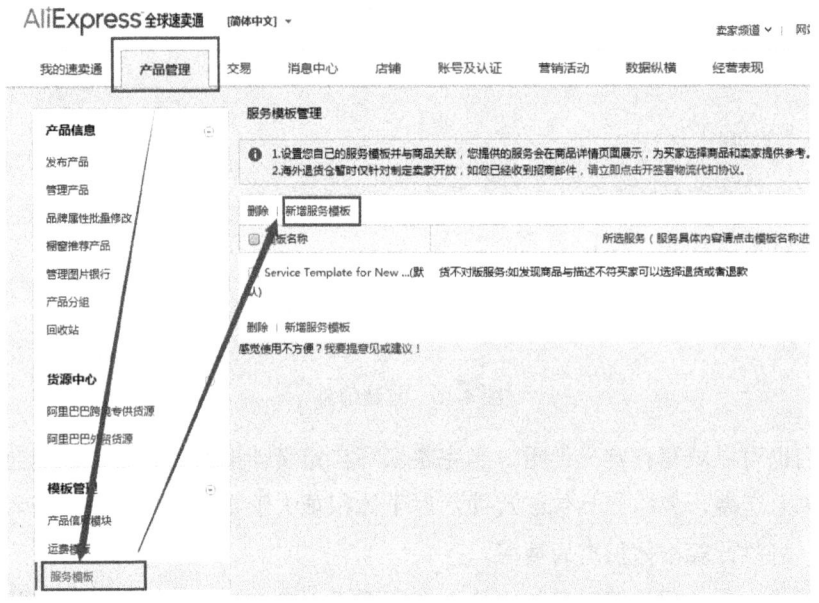

图4-11　新增服务模板

(九)其他信息

其他信息主要是产品组、产品有效期、是否支持支付宝和产品发布条款,如图 4-12 所示。清晰的产品分组有利于买家快速查找想要的商品,也方便我们管理商品,具体会在下一任务中讲解。产品有效期是指产品在网站展示的有效期限,产品过期将自动下架。

图4-12　其他信息

编辑过程中，我们可以单击"保存"按钮把发布的产品信息保存为草稿，当编辑完产品信息后，我们还可以"预览"，查看相应的信息。当产品信息编辑完成，并且预览检查无误后，就可以对产品进行"提交"上架。

当提交成功后，会出现如图 4-13 所示界面，一般 24 小时内即可在"产品管理"里看到审核结果。

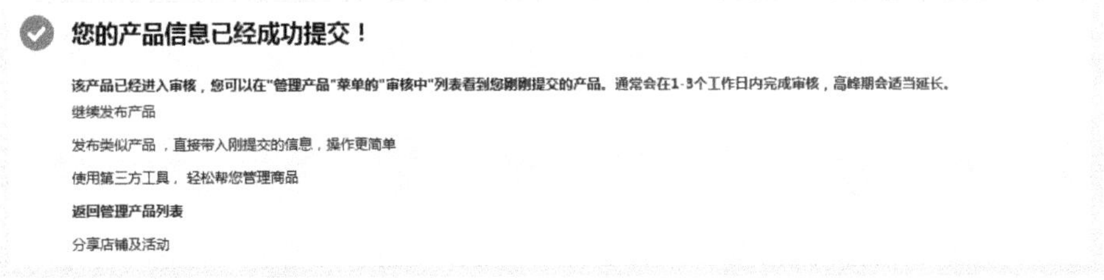

> **您的产品信息已经成功提交！**
>
> 该产品已经进入审核，您可以在"管理产品"菜单的"审核中"列表看到您刚刚提交的产品，通常会在1-3个工作日内完成审核，高峰期会适当延长。
>
> 继续发布产品
> 发布类似产品，直接带入刚提交的信息，操作更简单
> 使用第三方工具，轻松帮您管理商品
> 返回管理产品列表
> 分享店铺及活动

图 4-13　提交成功界面

如果还要发布类似产品，可以直接单击"发布类似产品"，系统会直接跳过选择类目过程，并且会显示刚提交的信息，在先前的信息上进行修改即可，可以大大提高发布产品的效率。

二、标题优化

好的标题能为店铺带来更多流量，能为产品带来更高的点击率和更高的转化率。我们要学会寻找关键词，并优化相应标题，挖掘出流量更高和产品更匹配的关键词，填写优质的标题。

（一）标题优化技巧

（1）尽量完全利用标题的 128 个字符，标题过短不利于搜索覆盖，不过也要避免标题堆砌。

（2）标题中尽量包含商品的产品词、属性词。属性词可以表示产品特定的属性，如颜色、长度、风格、款式、包装、品牌和销售属性等。单词一定要拼写正确，否则用户无法搜索到我们的标题。

（3）标题可以不用考虑英文语法，可以精简如 to、the、and、of、for 之类的词。

（4）标题可视化效果要好。标题单词不要全小写，核心产品词、属性词等首字母尽量用大写，重要词甚至可以全部大写。由于空格和+、-、#、&等字符都只算一个字符，用这些字符能够突出标题里面的一些关键词帮助用户快速定位。甚至可以用【】来突出某个核心词。

（二）利用"搜索词分析"

我们还要会利用"数据纵横"中的"搜索词分析"找到高流量的标题词，优化标题，如图 4-14 所示。

图 4-14　数据纵横

进入搜索词分析界面，如图 4-15 所示，可以查询不同行业、不同国家最近 7 天或 30 天买家搜索的热搜词、飙升词和零少词，还可以下载原始数据进行分析。

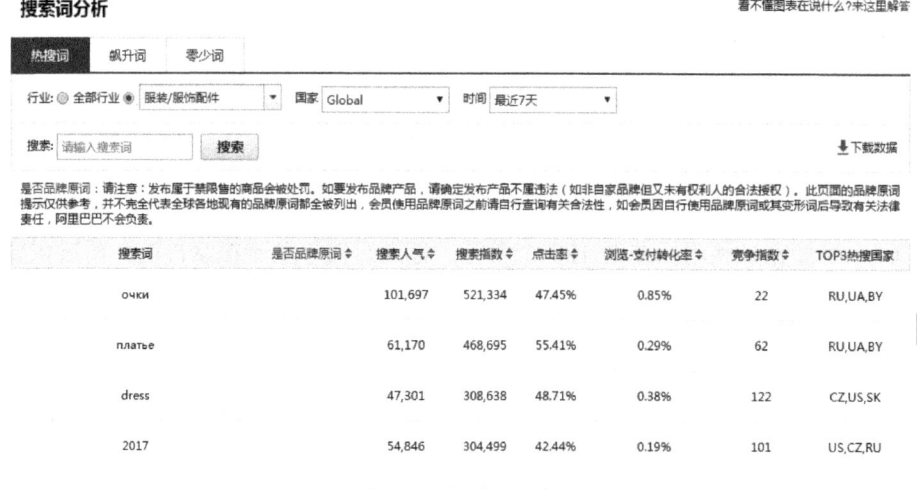

图 4-15　搜索词分析

1. 热搜词

热搜词指标说明如下：

（1）是否品牌原词：如果是禁限售，销售此类商品将会被处罚，对于品牌商品如果拿到授权可以进行销售。

（2）搜索指数：搜索该关键词的次数经过数据处理后得到的对应指数。

（3）搜索人气：搜索该关键词的人数经过数据处理后得到的对应指数。

（4）点击率：搜索该关键词后并点击进入商品页面的次数。

（5）成交转化率：关键词带来的成交转化率。

（6）竞争指数：供需比经过指数化处理的结果。供需比：所选时间段内每天关键词曝光出来的最大产品数/所选时间段内每天平均搜索人气。该值越大竞争越激烈。

（7）TOP3 热搜国家：所选时间段内搜索量最高的 TOP3 的国家。

2. 飙升词

飙升词界面如图 4-16 所示。飙升词指标说明如下：

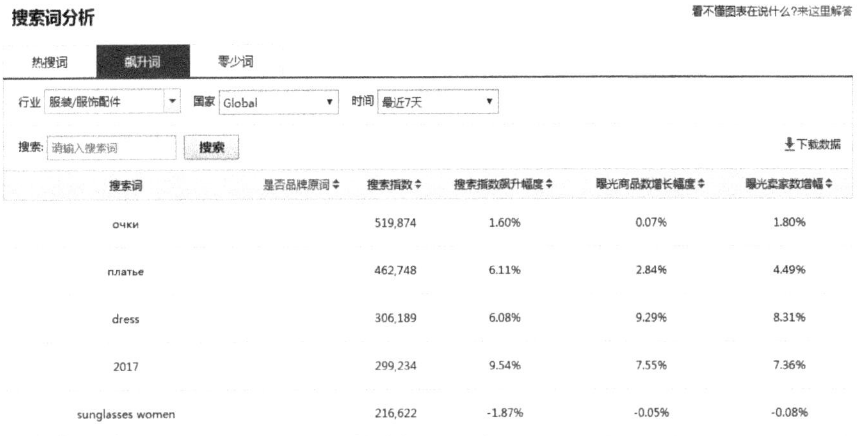

图 4-16　飙升词

（1）是否品牌原词：如果是禁限售，销售此类商品将会被处罚，对于品牌商品如果拿到授权可以进行销售。

（2）搜索指数：搜索该关键词的次数经过数据处理后得到的对应指数。

（3）搜索指数飙升幅度：所选时间段内累计搜索指数同比上一个时间段内累计搜索指数的增长幅度。

（4）曝光商品数增长幅度：所选时间段内每天平均曝光商品数同比上一个时间段内每天平均曝光商品数增长幅度。

（5）曝光卖家数增长幅度：所选时间段内每天平均曝光卖家数同比上一个时间段内每天平均曝光卖家数增长幅度。

3. 零少词

零少词界面如图 4-17 所示。零少词指标说明如下：

（1）是否品牌原词：如果是禁限售，销售此类商品将会被处罚，对于品牌商品如果拿到授权可以进行销售。

（2）曝光商品数增长幅度：所选时间段内每天平均曝光商品数同比上一个时间段内每天平均曝光商品数增长幅度。

（3）搜索人气：所选时间段内累计搜索人气。

（4）搜索指数：所选时间段内累计搜索指数。

图 4-17　零少词

资料卡

淘代销

淘代销是全球速卖通平台为卖家提供的一款产品发布工具，可以帮助我们将淘宝和天猫上的产品信息自动翻译成英文，快速方便地批量导入全球速卖通平台。

淘代销的操作非常简单：只要粘贴淘宝链接查询，认领淘宝产品，编辑代销产品，发布完成即可。卖家只要简单设置价格、物流等信息，即可将产品上架。

我们可以从"产品管理"里的"淘宝产品代销"进行相应的操作。

牛刀小试

❖思考题

1. 发布产品主要需要填写哪些信息？
2. 标题填写有哪些技巧？

❖操作题

1. 准备一款产品的信息和图片。
2. 将这款产品发布到全球速卖通。
3. 为这款产品的标题进行优化。

任务三　管理产品

任务描述

小林已经发布了产品，上传了大量的产品，现在需要对产品进行科学的管理。产品管理需要根据业务情况、产品变化、客户反应等，对发布的产品进行调整，主要是对商品的修改、产品组的设置等。

知识准备

一、产品管理和橱窗推荐产品

（一）产品管理

我们可以从"产品管理"里的"产品信息"中的"管理产品"进入产品管理界面，如图4-18所示。

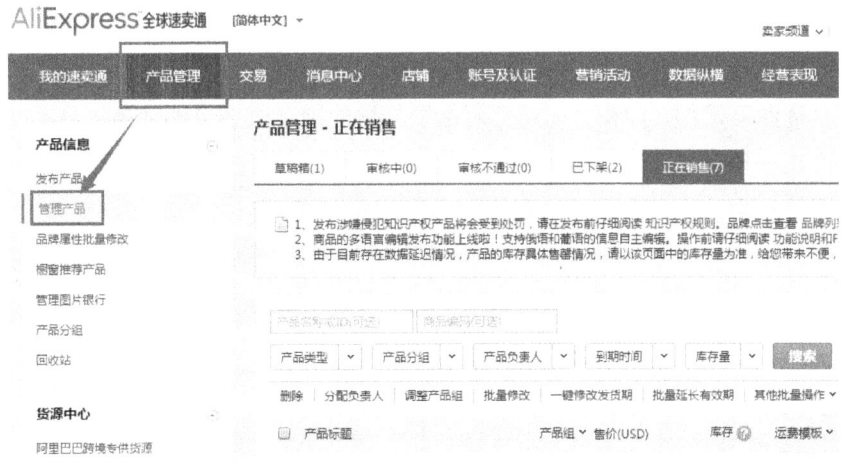

图4-18　产品管理

"草稿箱"的使用：

（1）若在"发布产品"页面进行编辑，每15分钟自动保存一次。

（2）若在"发布产品"页面单击"保存"按钮，保存产品信息至草稿箱。

（3）草稿箱上限为20，超过需要手动删除。

（4）草稿箱中产品描述的图片只保留15天，逾期删除。

"审核中"：是发布产品后，等待全球速卖通平台审核的产品列表。

"审核不通过"：经审核未通过的产品列表，全球速卖通会显示不通过的原因。2015年10月10日之后审核不通过的产品，若不认可产品审核不通过，可以在"经营表现"中的"违规明细"找到具体产品后及时进行申诉，等待申诉的时间为7个工作日（超时未申诉，不再提供申诉入口），同时申诉机会只有一次。目前，只有涉及侵权的产品有申诉入口，涉及禁限售的产品暂时无申诉入口；平台会在5个工作日内进行处理。

"已下架"：显示已到期及自主下架的产品列表，可以进行单个或批量上架，或者删除操作。

"正在销售"：显示的是正在销售的产品列表，可以进行删除、分配负责人、调整产品组、批量修改等操作。

"产品管理"中各个版块都有相应的一些操作，我们可以进入界面对相应的功能进行操作，在此不详述。

（二）橱窗推荐产品

橱窗推荐产品类似线下商店靠近窗户或门口的橱窗，放在这些位置的产品曝光量比较高。全球速卖通会给橱窗推荐产品增加排序权限，从而提高产品在全球速卖通排序中的排名，提升曝光。

橱窗资源可累加，即在"还剩可用橱窗"里的橱窗位如果不使用，可不断累加，但是建议在一年内使用所获得的橱窗。例如，在5月4日因为卖家服务等级为优秀而获得3个橱窗，在5月份并未使用橱窗，而在6月份服务等级考评又为优秀再次获得3个橱窗，那就有6个橱窗位可使用。针对服务等级所奖励的橱窗数如表4-6所示，有效期都是7天，而且也没有了"取消了橱窗推荐"功能。

表4-6 橱窗推荐数

服务等级	优秀	良好	及格	不及格
橱窗推荐数	3个	1个	无	无

可以通过"正在销售"产品列表中每个产品后面"更多操作"里的"橱窗推荐"对单个产品进行橱窗推荐，如图4-19所示。

图 4-19 橱窗推荐

也可以通过"正在销售"界面中的"其他批量操作"里的"批量橱窗推荐"对多个产品进行橱窗推荐,如图 4-20 所示。

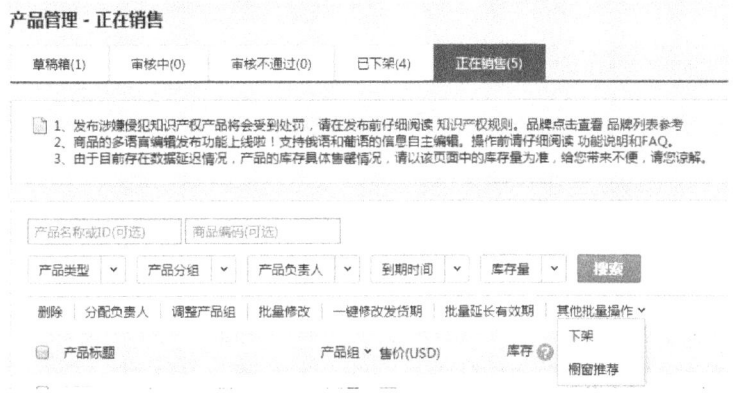

图 4-20 批量橱窗推荐

二、产品分组

产品分组实际上是产品分类,设置好的产品分组会在店铺中的产品导航内显示。我们可以从"产品管理"里的"产品信息"中的"产品分组"进入产品分组编辑界面,如图 4-21 所示。

图 4-21 产品分组

如图 4-22 所示，单击"新建分组"按钮可以创建一级分组，输入分组名称，单击"保存"按钮即可。在一级分组下，可以单击"创建子分组"按钮创建子分组，输入分组名称后保存即可。产品分组展示在店铺首页上最多只显示 20 个组加一个 other 组，这个组里是未被分组的产品，若产品被全部分组，则不会显示这个组。

图 4-22 新建分组

设置完成后，可以单击"前往店铺预览效果"按钮，一般需要 24～48 小时的同步时间。如果该组里面没有相应的产品，则也不会在首页显示。如果想调整某个产品组的顺序，只需将鼠标放到 ✥ 上按住鼠标左键拖动即可。

"组内产品管理"可以管理指定组内的产品，单击后进入对应的页面，如图 4-23 所示，单击"添加产品"或"移出产品组"或"移动到"等按钮进行相应的操作。

图 4-23 组内产品管理

也可以选择"按自定义规则分组"，如图 4-24 所示，通过设置一组条件，系统会根据条件自动将符合条件的商品加入该分组中，无须再手动设置。输入"分组名称""指定排序规则"，也可以"指定发布类目""指定发布时间""指定价格范围"等。

"产品分组"功能是让买家更容易检索卖家商铺产品的功能。合理的产品分组排序能够将商铺的商品用最合理、最能吸引买家购买意愿的方式展现。结合平台对商铺的数据分析，如下格式的产品分组会更容易吸引买家：

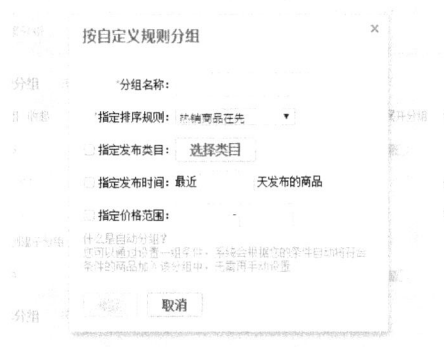

图 4-24　按自定义规则分组

（1）促销产品分组，如 New Arrive、Promotion、Discount。

（2）热门品类的分组，如 iPhone4 配件、iPad 配件。

（3）按照所属行业常用规则的产品分组，如卖平板电脑可以按照屏幕尺寸分组。

（4）其他，放一些无法归类的商品。

在做产品分组的设置时要注意不要出现如下错误：

（1）不要出现无分组的产品，无分组的产品会导致系统在我们的分组里面增加一个额外的 other 分组。

（2）用促销产品分组时，促销分组不要过多，最好不要超过 3 个。

（3）不要将不相关的商品加在产品组里面。

（4）不要用买家不容易搞懂的专业信息进行分组。

（5）不要有过多的产品分组，尽可能将产品分组控制在 20 个以内，超过 20 个分组买家是无法记忆的。

1. 为什么要对产品进行分组？

2. 产品分组应该注意哪些问题？

牛刀小试

❖思考题

1．产品管理中主要可以进行哪些操作？

2．不同服务等级奖励的橱窗数分别是多少？

❖操作题

1．分别对"产品管理"中的"草稿箱""审核中""已下架"和"正在销售"的功能进行操作。

2．用不同的方法对产品进行"橱窗推荐产品"设置。

3．设置产品分组，并把产品添加到不同的分组中。

项目五

装修跨境电商的店铺

学习目标
- 学会 PC 店铺装修。
- 学会无线店铺装修。
- 利用装修市场优化店铺装修。

任务一 装修 PC 店铺

 任务描述

小林通过前面的学习,已经掌握了如何发布商品等。小林从原来的店铺经营和同他人的经验交流中,了解到店铺装修非常重要。一个"高大上"的店铺会让买家在页面停留的时间增加,因此小林想学习如何装修店铺,那么第一步他要学习的是对 PC 店铺(即计算机端的店铺)的装修。

 知识准备

PC 店铺的装修主要包括三个方面:一是页面管理,主要包括页面编辑和布局管理;二是样式编辑;三是模板管理。

一、页面管理

页面管理主要包括两个方面:一是页面编辑,主要包括页面店招、页面导航、图片轮播、产品排列和热销产品等功能模块;二是布局管理。下面将进行一一介绍。

(一)进入页面编辑

登入全球速卖通账号,然后进入"店铺"——"店铺装修及管理"——"PC 店铺"——"进入装修"——"页面编辑",如图 5-1 所示。

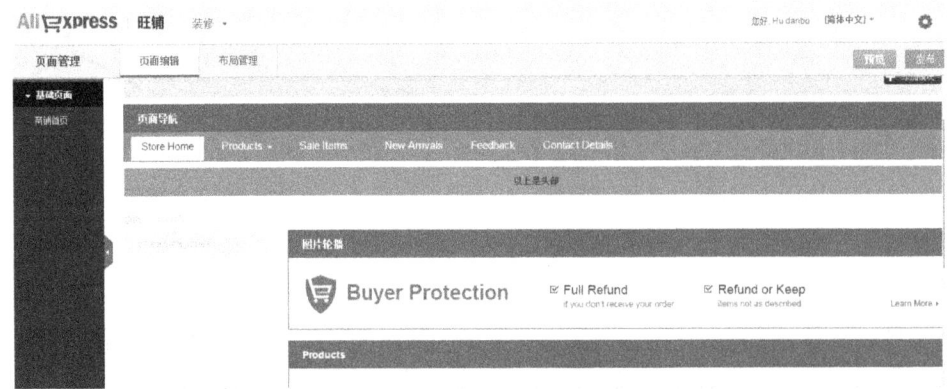

图 5-1 页面编辑

1. PC 页面店招

所谓店招就是店铺的招牌，一般放置在店铺的最顶端。它是店铺给人的第一印象，好的店招不仅能吸引人的眼球，带来订单，同时还能起到品牌宣传的作用。

（1）添加图片店招。单击"基础模块"——选择"图片店招"，单击"添加"按钮，如图 5-2 所示。

图 5-2　添加图片店招

（2）PC 店招的编辑。

单击店招右侧的"编辑"按钮进行店招装修，如图 5-3 所示。

图 5-3　店招编辑

在弹出的对话框中有两项设置：店招的尺寸和店招的图片。然后进行以下操作步骤。

① 输入店招的高度，如输入 150px，如图 5-4 所示。

图 5-4　店招高度编辑

② 添加图片。单击添加图片后有两种操作方式，一种是从本机上上传新图片，另一种是从 URL 中添加。本书演示第一种操作方式。操作步骤为：单击"点击添加图片"按钮——单击"从本机上传图片"按钮——选择店招图片——单击"使用这张图片"按钮——单击"保存"按钮，如图 5-5 至图 5-9 所示。上传效果如图 5-10 所示。

【小提示 1】 店招的高度为 100～150px，一般设置为 150px，店招的宽度为默认的 1200px。店招的图片大小不超过 2GB，格式为 JPG、JPEG。

图 5-5 点击添加图片

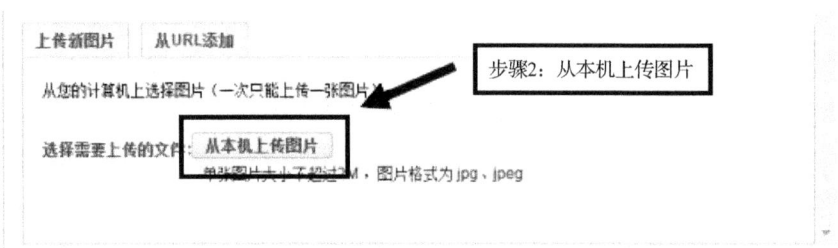

图 5-6 从本机上传图片

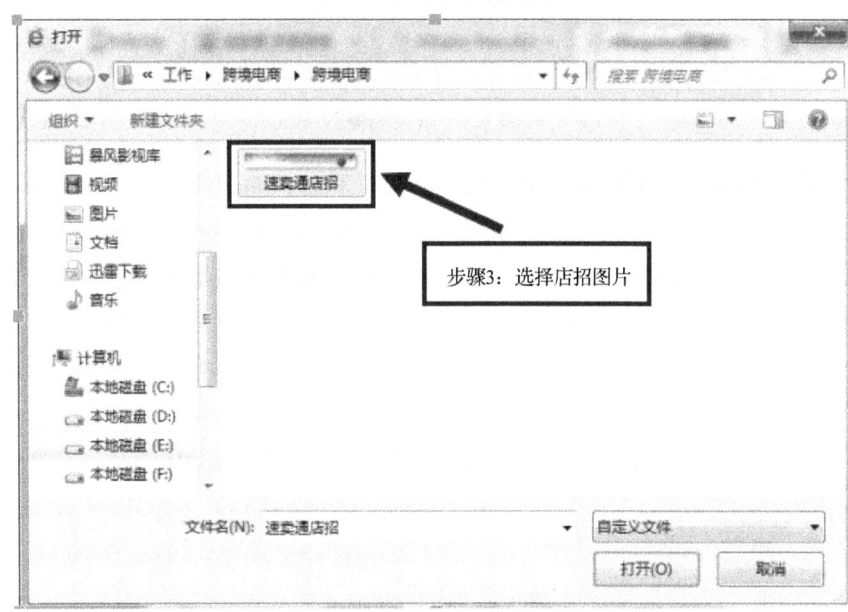

图 5-7 选择店招图片

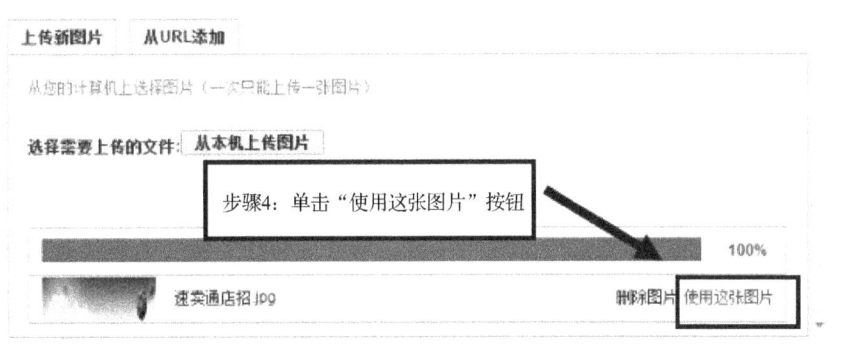

图 5-8　使用这张图片

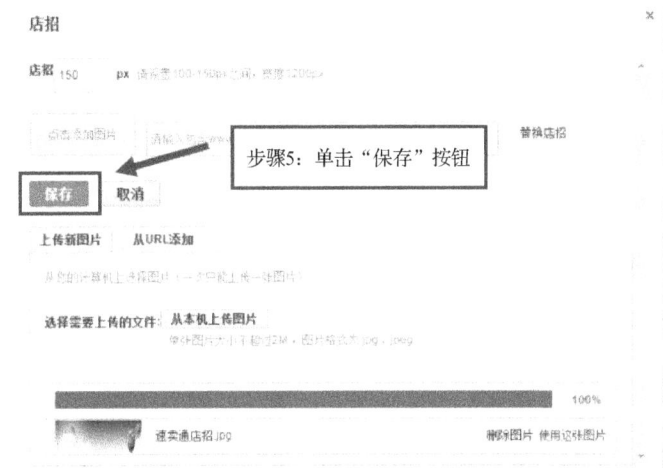

图 5-9　保存

图 5-10　效果图

2．页面导航

在页面导航中可以进行添加新导航、删除导航、导航展示位调整等自定义操作，其中系统固定的导航内容为 Home、Product、Sale Item、Brand Story，它们不支持编辑与删除，如图 5-11 所示。

在全球速卖通的页面导航中最多可设置 8 项一级内容，其中包括 4 项不可编辑内容。因此在删除暂时无须展示的导航内容后，就可以选择添加自定义导航。目前支持的自定义导航包括产品分组和系统导航两种类型，如图 5-12 所示。

图 5-11 页面导航编辑页面

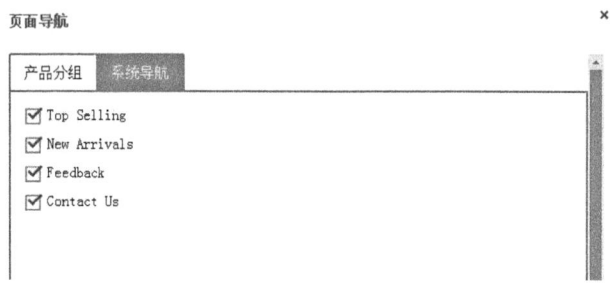

图 5-12 自定义导航的两种类型

下面介绍两种类型的添加方式。

（1）添加产品分组内容。产品分组内容是自定义导航中的主要部分，它可以给卖家提供更为便捷、高效的产品服务，也为买家提供快速找到自己产品的方法。添加产品分组内容步骤如下：单击"添加新的导航"按钮——选择"产品分组"——勾选需添加的导航内容——单击"确认"按钮即可，如图 5-13 至图 5-16 所示。添加完成后的效果如图 5-17 所示。

【小提示 2】 添加产品分组类型导航，需事先在产品管理中的产品分组里设置好分组。

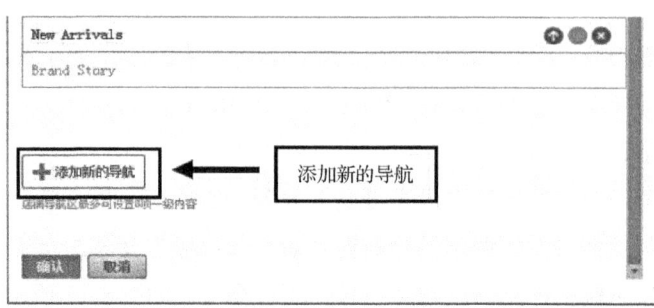

图 5-13 添加新的导航

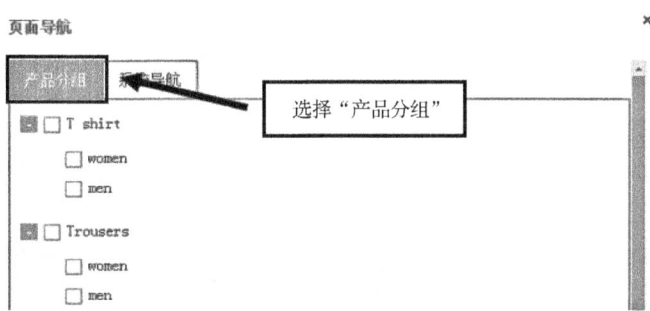

图 5-14　选择产品分组

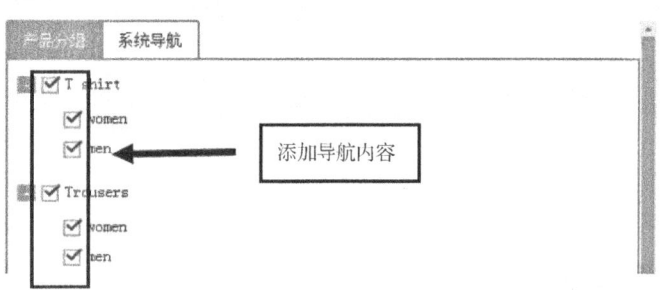

图 5-15　添加导航内容

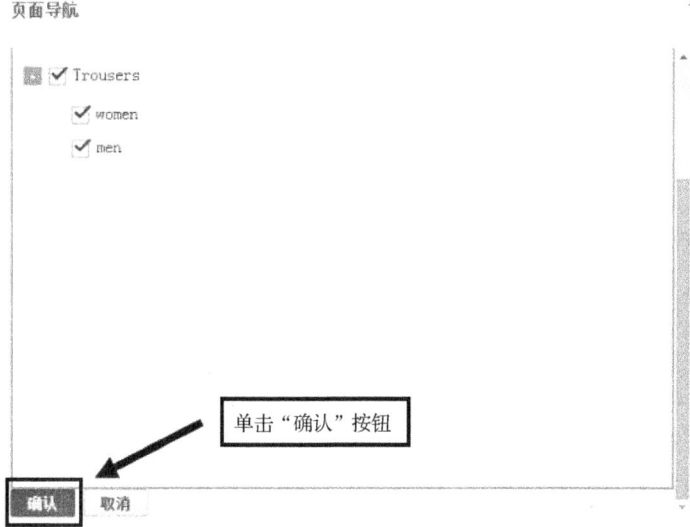

图 5-16　单击"确认"按钮

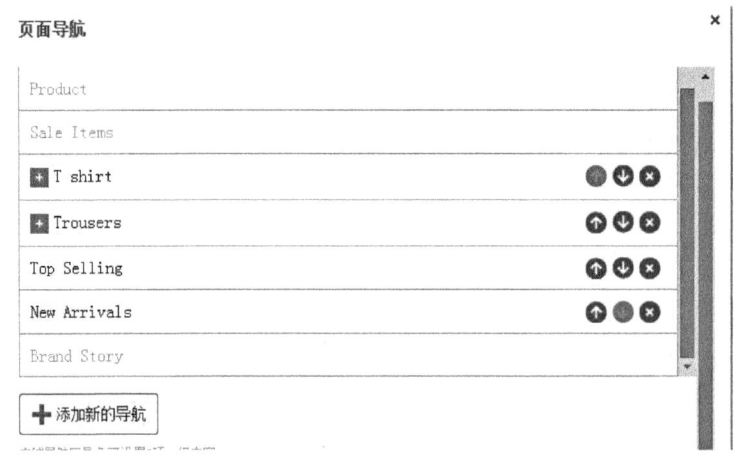

图 5-17　添加完成效果图

（2）添加系统导航内容。系统导航内容里面的内容是固定的，名称不能进行更改，它们分别是 Top Selling、New Arrivals、Feedback、Contact Us，这 4 个内容可以任意进行勾选，如图 5-18 所示。

图 5-18　勾选系统导航内容

3．图片轮播

图片轮播是用户在商铺内展示一组图片的区域，可以设置 1～5 张图片，并且为所有的图片分别指定超链接，在商铺前台实现图片轮流播放的效果。图片轮播的高度范围需要在 100～600px（像素）之间，宽度固定为 960px（像素）。

【小提示 3】 同一组轮播图片宽度和高度最好保持一致，画面会更加漂亮，同时也会带给买家更好的体验。

下面介绍如何进行图片轮播编辑。

（1）进入图片轮播编辑。单击图片轮播右侧的"编辑"按钮进入图片轮播编辑，如图 5-19 所示。

项目五　装修跨境电商的店铺

图 5-19　进入轮播编辑

（2）设置轮播图片高度，如图 5-20 所示。

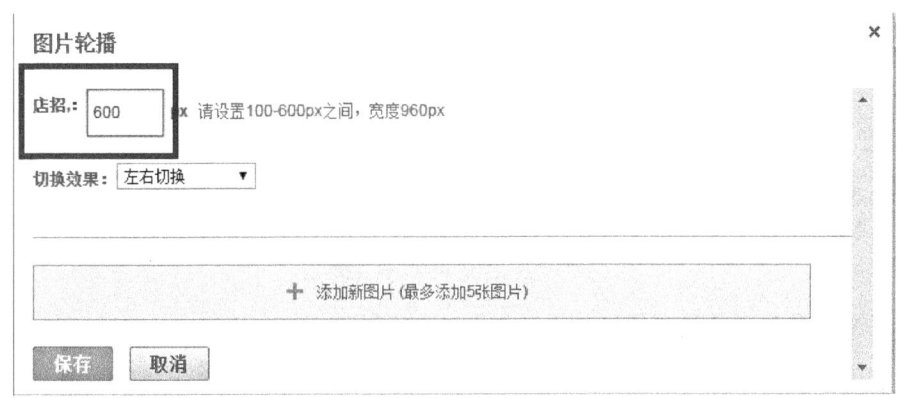

图 5-20　轮播高度设置

（3）添加图片，如图 5-21 所示。

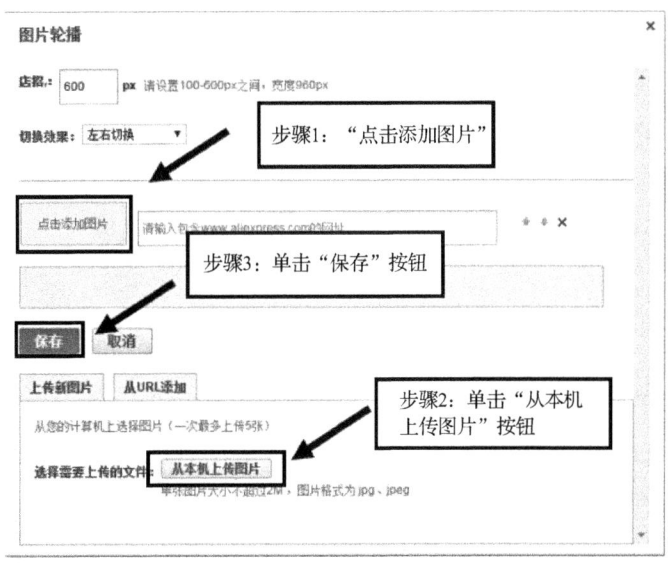

图 5-21　添加图片

（4）添加图片超链接，如图 5-22 所示。

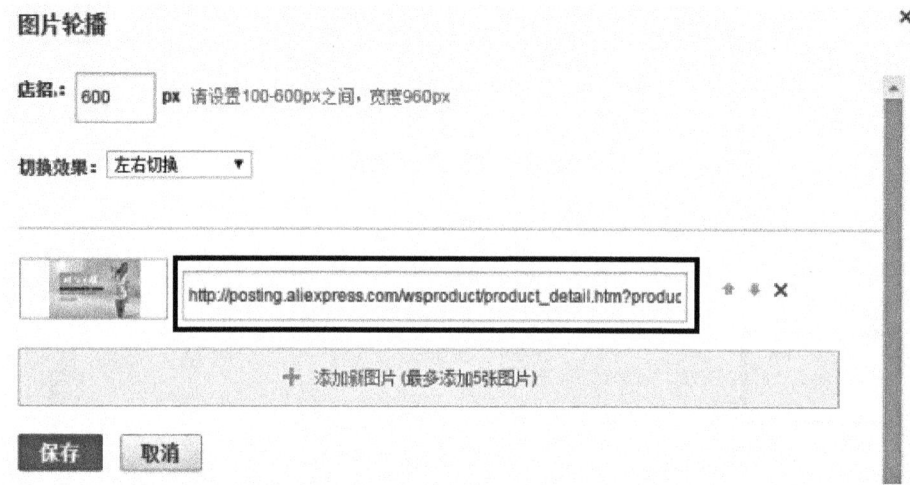

图 5-22　添加图片超链接

添加完成后可以看到预览效果，如图 5-23 所示。

图 5-23　添加完成效果

4. 产品排列

产品排列在店铺装修中是比较重要的一个模块，它可以展现你最想展示的产品，让你的产品第一时间映入顾客的眼帘，提升产品的曝光率，提高销售量。

在产品排列编辑中，可以更改模块标题、选择展示方式、选择展示商品信息形式、推荐方式等，如图 5-24 所示。推荐方式有两种：一种是自动推荐，即系统推荐；另一种是手动推荐，即可以选择自己想推荐的商品进行推荐。

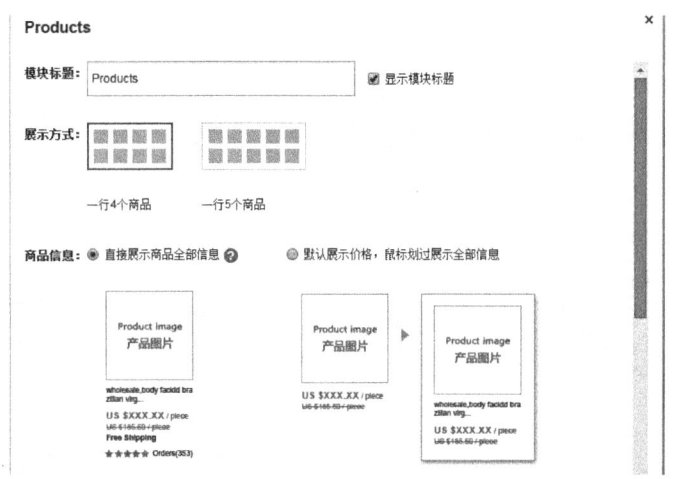

图 5-24　产品编辑窗口

（1）自动推荐排列。在自动推荐排列中，可以设置排序方式、产品分组方式、商品数量等选项，如图 5-25 所示。

图 5-25　自动推荐排列

（2）手动推荐排列。在手动推荐排列中，可以从所有上架的产品中选择 20 个商品进行推荐，如图 5-26 所示。

图 5-26　手动推荐排列

5. 热销产品

在热销产品这一个模块中,可以像产品排列模块中一样推荐店铺中你想推荐的产品,一般会选择一些销量较高的产品进行展现。热销产品推荐如同产品排列推荐也有两种推荐方式:一种是自动推荐;另一种是手动推荐,如图 5-27 和图 5-28 所示。

图 5-27　热销产品自动推荐

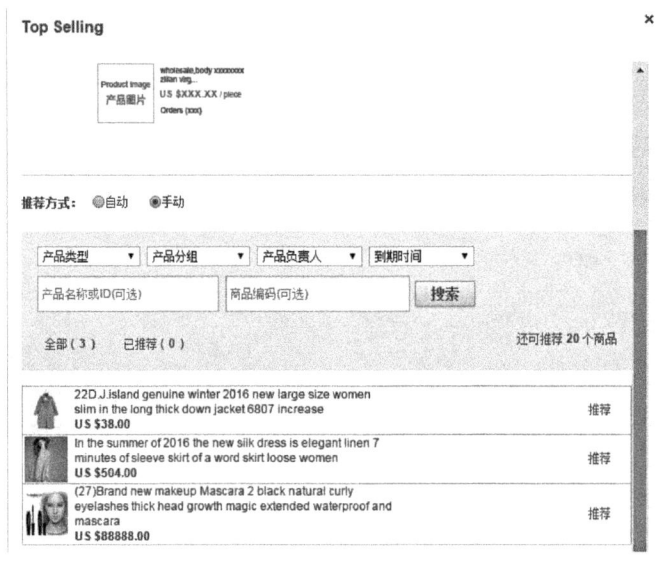

图 5-28　热销产品手动推荐

6. 添加第三方模块

在模块管理中,除了以上 5 个模块外,还可以添加第三方模块,目前可以添加的模块包括图片轮播、商品推荐和自定义内容区三种模块,如图 5-29 所示。图片轮播和商品推荐模块的编辑方式如同前面所讲的图片轮播编辑和产品排列推荐编辑,下面侧重讲自定义内容区模块。

图 5-29　第三方模块

在自定义模块中可以添加自己想要添加的文字、图片或代码,这是一个灵活应用的模块。一般卖家为了更好地服务各国买家,在这边会针对不同地区、不同语言习惯的客户,设置一个多国语言按钮区域。

(1)添加自定义模块,如图 5-30 所示。

图 5-30　用户自定义区域

(2)单击"编辑"按钮,出现如图 5-31 所示界面。

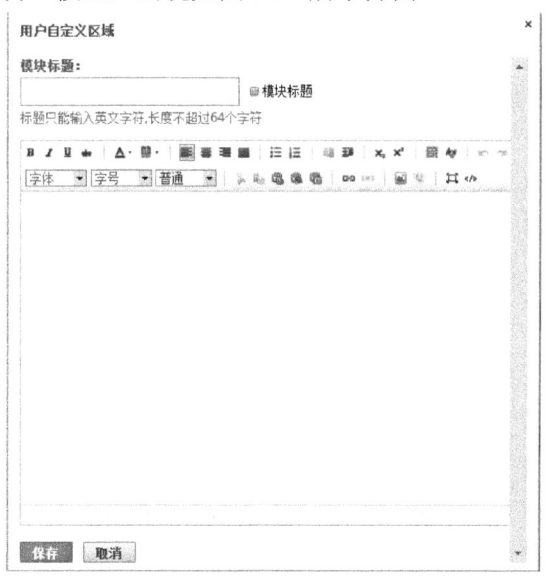

图 5-31　自定义模块工具 1

（3）输入标题，如"Choose Your Language"，如图 5-32 所示。

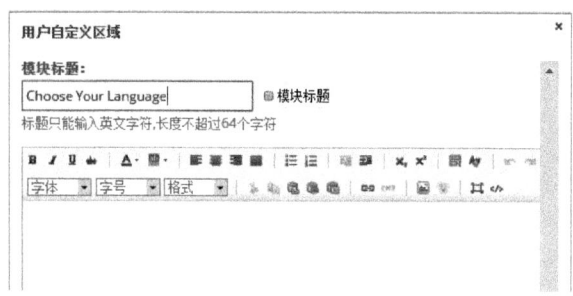

图 5-32　自定义模块工具 2

【小提示 4】　自定义区域的模块标题需要英文字符，且长度不超过 64 个字符。

（4）单击添加图片地址链接按钮（见图 5-33），弹出"图像属性"对话框，单击"选择文件"按钮（见图 5-34），导入其中一个国家图标如"日本"，如图 5-35 所示。

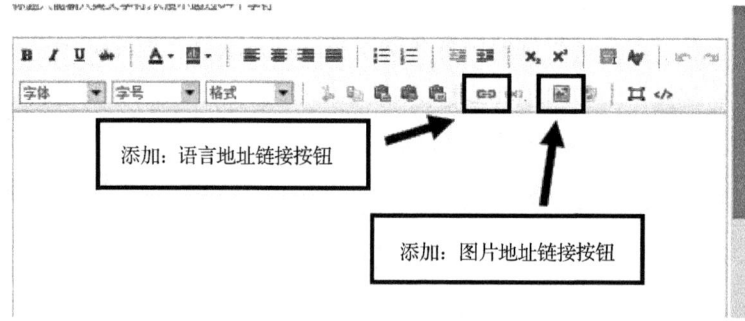

图 5-33　自定义模块工具 3

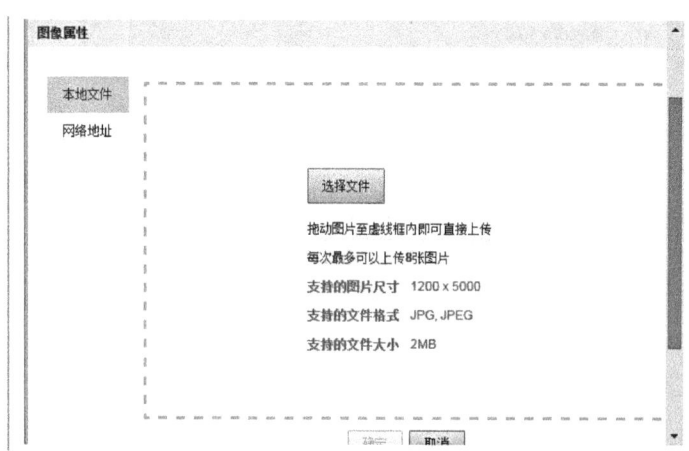

图 5-34　自定义模块工具 4

图 5-35 导入日本图标

(5) 鼠标左键单击图片后,图片变成灰色,然后单击语言地址链接按钮(见图 5-33),输入链接地址,如图 5-36 所示。

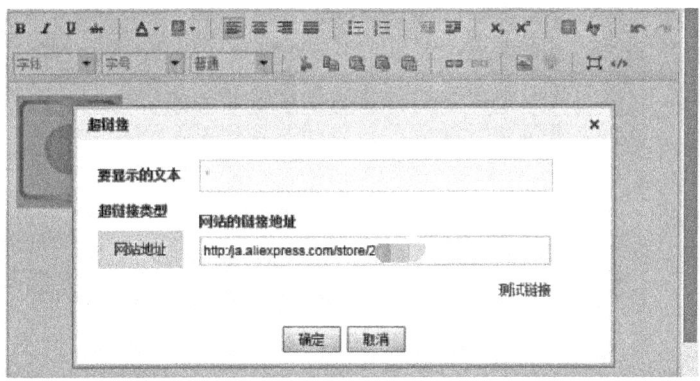

图 5-36 自定义区域超链接

(6) 然后单击图 5-36 所示对话框中的"确定"按钮,再单击店铺装修页面左下角的"保存"按钮,接着单击页面右上角的"发布"按钮,最后单击"确认"按钮,日本语言的编辑就成功了。按照此方法,可以放入各国国旗图标,设置成多国语言。设置后的效果如图 5-37 所示。

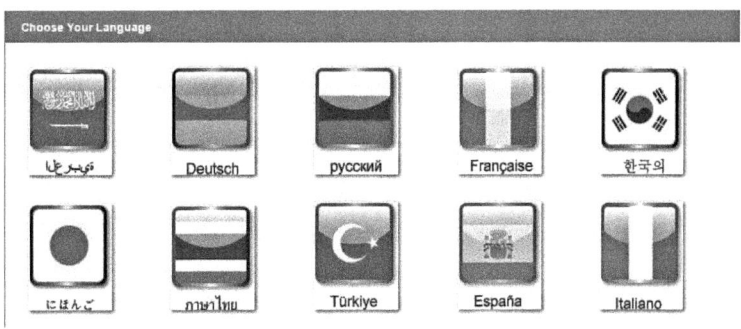

图 5-37 设置后的效果图

买家在页面上可根据自身情况单击语言按钮后,店铺的页面就自动生成为目标语言文字了。

(二)布局管理

在布局管理页面(见图 5-38)中可以进行增加模块、删除模块及模块的上下移动等操作,如图 5-39 所示。

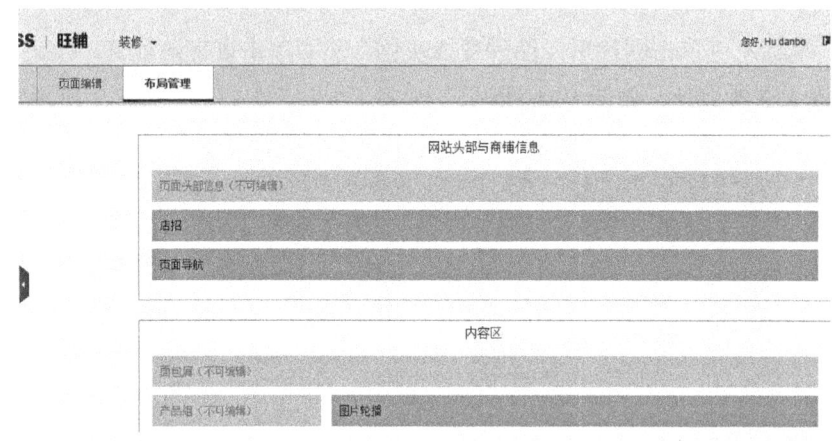

图 5-38 布局管理页面

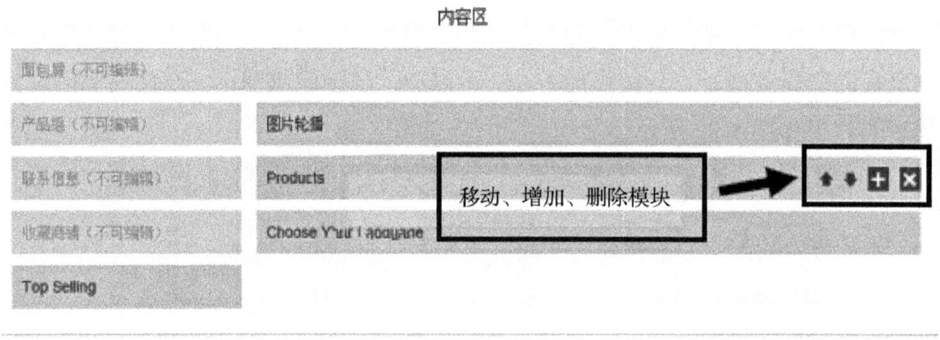

图 5-39 布局管理页面编辑

二、样式编辑和模板管理

（一）样式编辑

在样式编辑中，可以选择商铺的配色，包括展示背景颜色和不展示背景颜色两种模式，如图 5-40 和图 5-41 所示。

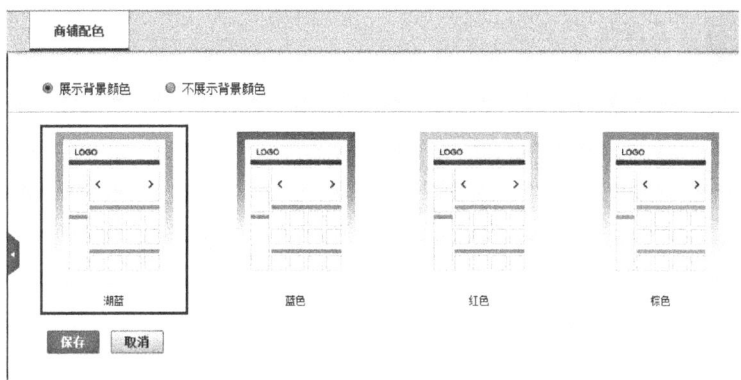

图 5-40　展示背景颜色

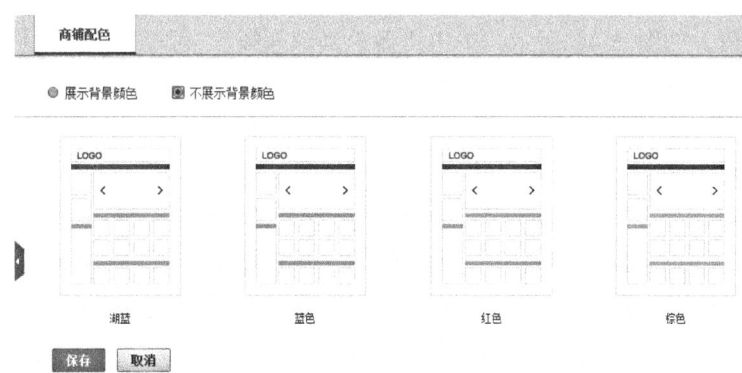

图 5-41　不展示背景颜色

如选择"展示背景颜色"中的"红色"，然后单击"保存"按钮，达到的效果如图 5-42 所示，模块名称背景颜色和网页背景颜色都为红色。

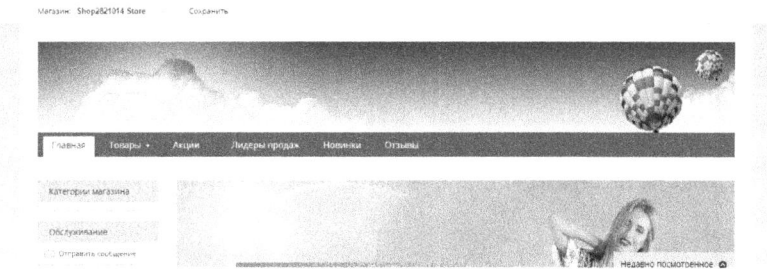

图 5-42　背景颜色效果图

（二）模板管理

在"模板管理"中，有"编辑中的模板""系统模板""我购买的模板"和"模板备份管理"4个模块，如图5-43所示。

图5-43　模板管理

1. 编辑中的模板

在"编辑中的模板"中可以跳转到"页面编辑"和"样式编辑"页面，还可以备份当前模板，如图5-44所示。单击"备份当前模板"，可以添加备份模板名和添加备注，如图5-45所示。

图5-44　编辑中的模板

【小提示 5】　备份的模板可以在模板管理下进行应用，目前手动备份记录最多可以设置5个。

———————————
※ 注：图中"模版"同"模板"。

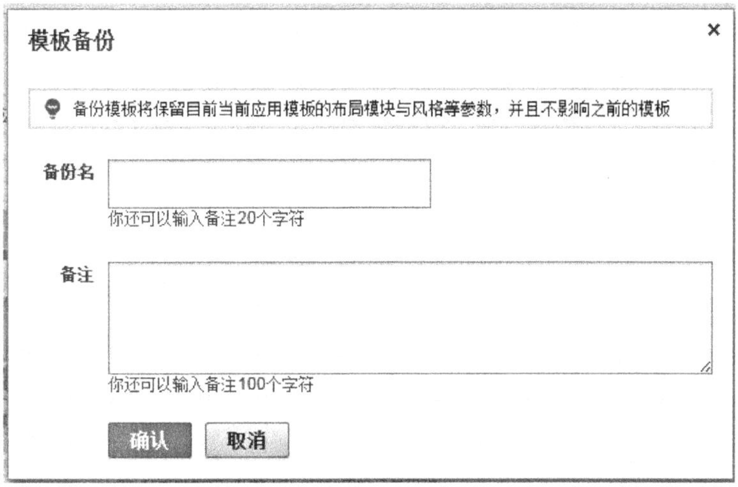

项目五 装修跨境电商的店铺

图 5-45 模板备份

2. 系统模板

系统模板中只有一个默认的模板,在这里也可以跳转到装修市场进行挑选精品模板,如图 5-46 所示。

图 5-46 系统模板

3. 我购买的模板

我购买的模板就是需要进入装修市场进行模板购买,购买后即可以应用该模板,如图 5-47 所示。

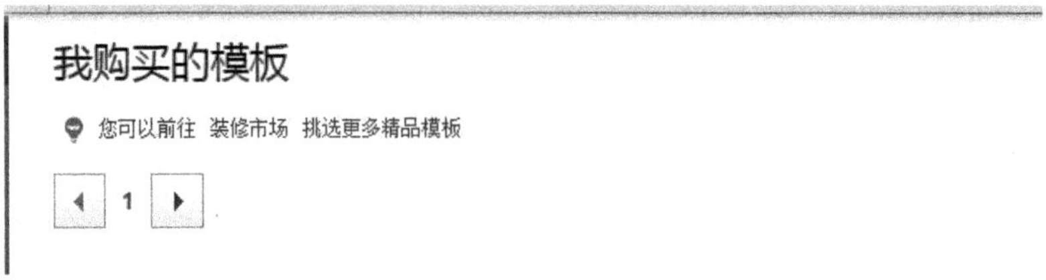

图 5-47　我购买的模板

4．模板备份管理

模板备份管理中可以应用和删除备份，包括手动备份和自动备份，如图 5-48 和图 5-49 所示。

图 5-48　模板备份管理

图 5-49　备份的应用与删除

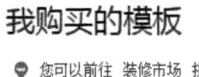 牛刀小试

❖思考题

PC 店铺装修包括哪几部分内容？哪一部分最重要？为什么？

❖操作题

1．在页面管理中添加一个店招、添加两张轮播图片。

2．在页面管理中添加一个自定义内容区，内容为多国语言按钮区。

3．选择一个页面样式并进行应用。

4．手动备份一个模板并进行应用。

任务二 装修无线店铺

 任务描述

现在越来越多的人选择在移动端进行购物，所以无线店铺（即手机端店铺）装修也越来越重要。小林已经进行了 PC 店铺的装修，接下来还需要装修无线店铺，小林在本任务中需要掌握如何装修无线店铺。

 知识准备

装修无线店铺，可以加深买家对店铺的印象，提升店铺的品牌形象，提高浏览量，提升交易量，是店铺装修必不可少的一部分。

无线店铺装修的基本功能主要包括：

（1）无线店铺装修包括两个页面，一是无线店铺首页装修（见图 5-50），包括店招、6 个产品推荐模块、3 个系统模块、6 个图片模块；二是无线活动页面。

图 5-50 无线店铺首页装修

（2）无线店铺装修的内容只会生效在 AliExpress APP 内，不会影响 PC 及其他端店铺的展现。

（3）当无线产品推荐模块不足 6 个，且 PC 端有新增的产品推荐模块时，无线店铺将自动同步已发布的新增产品模块。

（4）除店招模块外，无线店铺模块如同 PC 端店铺模块，可调整展现的顺序。

一、无线店铺首页的装修

（一）进入无线店铺装修

店铺——店铺装修及管理——无线店铺——进入装修，如图 5-51 所示。

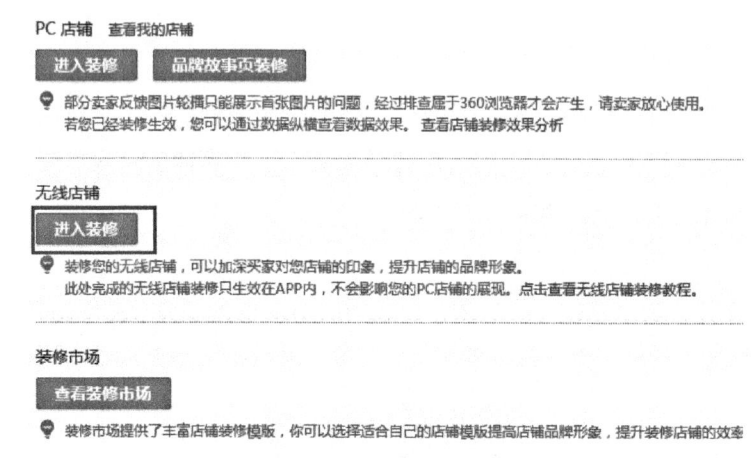

图 5-51　进入无线店铺装修

（二）编辑无线店铺店招

1. 无线店铺店招的位置

无线店铺店招的位置非常显眼，如同 PC 店铺一样，是买家进入店铺的第一印象。通过店招卖家可以展现店铺产品信息、活动信息、品牌 LOGO 信息等，同时还可以强化买家对店铺/品牌的认知。在未编辑个性化店招之前，无线店铺会有一个默认统一的店招，如图 5-52 所示。

图 5-52　默认店招

【小提示 1】无线店招的设计需要注意，重要的信息如人物、品牌之类的，需放在图片的中间，以防被店铺的默认功能按钮遮挡。

2. 无线店铺店招的编辑

无线店招模块只能编辑，不能删除或调整排序，如图5-53所示。当鼠标移动到店招区域会出现编辑按钮，单击"编辑"按钮，进入店招编辑页面，可以看到店招的设计要求：店招尺寸必须是长度720px×高度200px 的 JPG 或 JPEG 格式的图片，否则店招无法上传成功，如图5-54所示。

图 5-53　无线店招

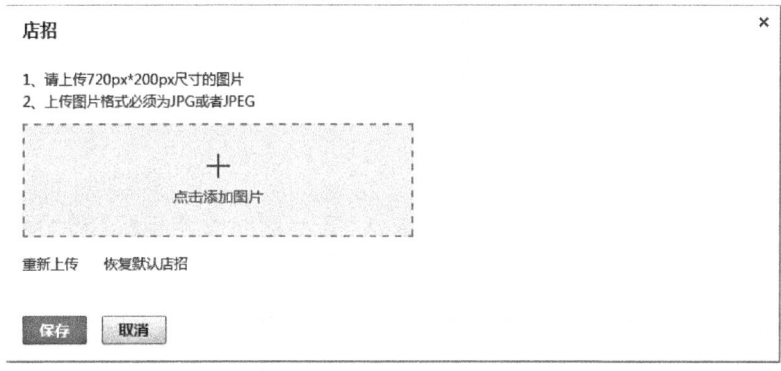

图 5-54　无线店招编辑页面

（三）添加无线店铺首页模块

1. 添加模块的方法

鼠标移到除店招和不可编辑的模块外的任一一个模块上，会出现"添加模块"按钮，单击"添加模块"按钮，可以在无线店铺的首页添加模块，如图5-55所示。

图 5-55　添加模块 1

【小提示2】 当所有模块用完时,不会出现"添加模块"按钮。

2. 模块的类型

目前能添加三种模块:产品推荐模块(最多添加6个)、图片模块(最多添加6个)及系统模块(New Arrivals/Top Selling/Sales Items 各1个),如图5-56所示。

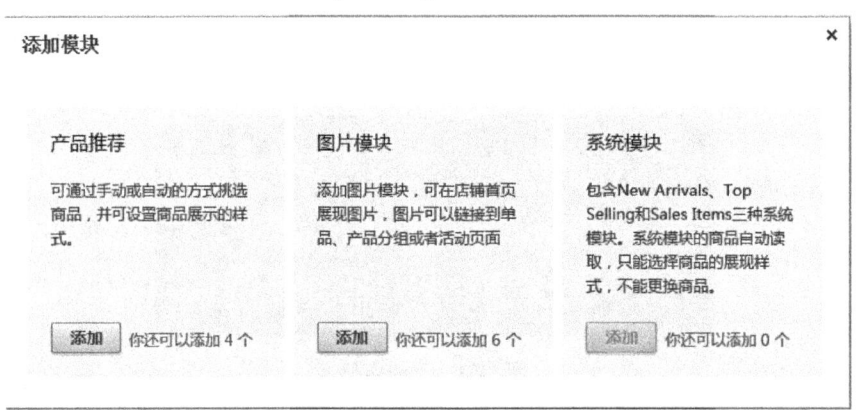

图 5-56　添加模块 2

(四)产品推荐模块

1. 模块介绍

通过产品推荐,可以选择标题样式,包括"无标题""文字标题"和"图片标题";可以手动或自动挑选商品推荐;并可设置商品在无线店铺展示的样式:一行 1 个商品、一行 2 个商品和一行 3 个商品的展现样式,如图 5-57、图 5-58 所示。

图 5-57　产品推荐 1

选择产品展现样式

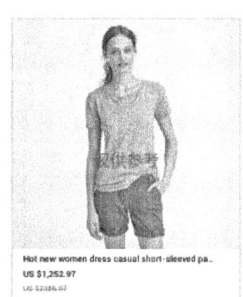

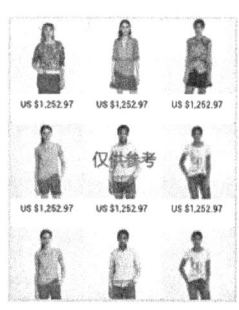

○ 一行1个商品　　　　　　○ 一行2个商品　　　　　　○ 一行3个商品

展示商品数：4个　　　　　展示商品数：4个　　　　　展示商品数：9个

展示信息：标题、现价、原价　展示信息：现价　　　　　　展示信息：现价

图 5-58　产品推荐 2

2．模块编辑

（1）编辑标题。模块标题编辑包括"无标题""文字标题"和"图片标题"三种标题类型，文字标题要控制在 64 个英语字符内，图片标题的尺寸必须是长度 720px×高度 200px 的 JPG 或 JPEG 格式的图片，如图 5-59 所示。

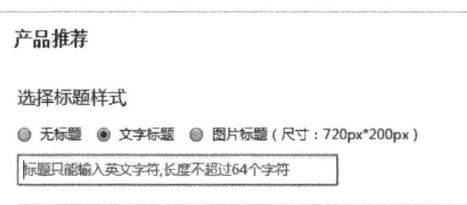

图 5-59　标题样式

（2）选择商品。选择商品的方式与 PC 店铺装修的类似，有自动推荐和手动推荐两种，如图 5-60 所示。

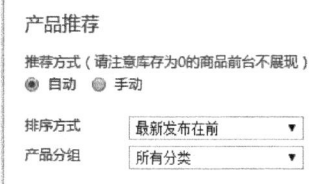

图 5-60　推荐方式

（3）手动选择的商品如何排序。在单击"推荐"后，选择"已推荐"，通过右侧上下的箭头调整商品顺序即可，如图 5-61 所示。

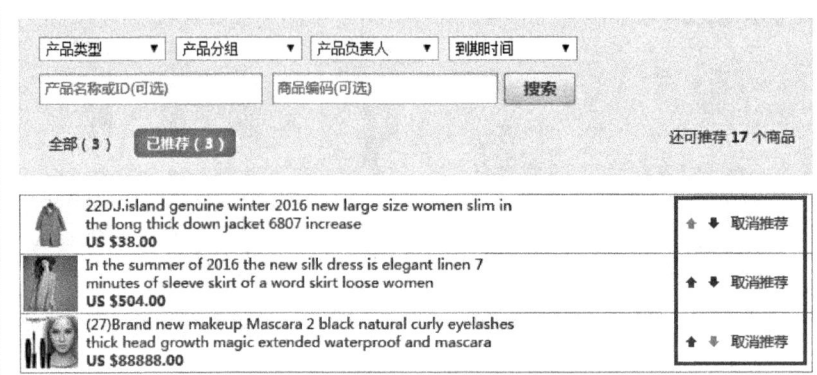

图 5-61　手动推荐排序

（4）选择商品展现样式。店铺商品展现样式有一行 1 个商品、一行 2 个商品和一行 3 个商品。"一行 1 个商品"模块，在店铺首页最多外露 4 个商品，超过 4 个商品只能通过单击模块进入商品 list 查看。在一行 1 个商品的情况下，商品的图片会比较大，适合用来推荐主推商品。"一行 2 个商品"模块，在店铺首页最多外露 4 个商品。"一行 3 个商品"模块，在店铺首页最多外露 9 个商品。你可以选择一个喜欢的样式进行展现，如图 5-62 所示。

图 5-62　选择产品展现样式

（5）单击"保存"按钮完成此模块的编辑。

（五）系统模块

系统模块包括 New Arrivals、Top Selling 和 Sales Items 三个模块，这三个模块的

编辑，支持添加或删除，并且只能进行商品展现样式的编辑，以 New Arrivals 为例查看编辑方法，如图 5-63 所示。

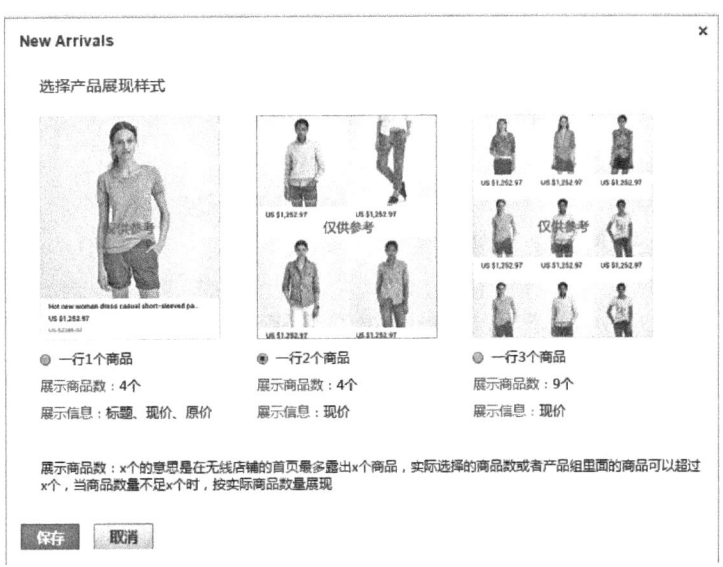

图 5-63　New Arrivals 编辑

（六）图片模块

1. 模块介绍

图片模块有三种样式选择：单图模式、单行多点击及图片轮播。在无线店铺首页添加图片模块，图片可以链接到某个商品、某个店铺、某个无线活动或某个产品组，如图 5-64 所示。

图 5-64　图片模块编辑

2. 模块编辑

首先添加一个图片模块，分三种模式：单图模式、单行多点击模式、图片轮播。

（1）单图模式。图片为长度 720px×高度 200px 或长度 720px×高度 360px 的 JPG 或 JPEG 格式的图片，然后为图片添加链接，如图 5-65 所示。

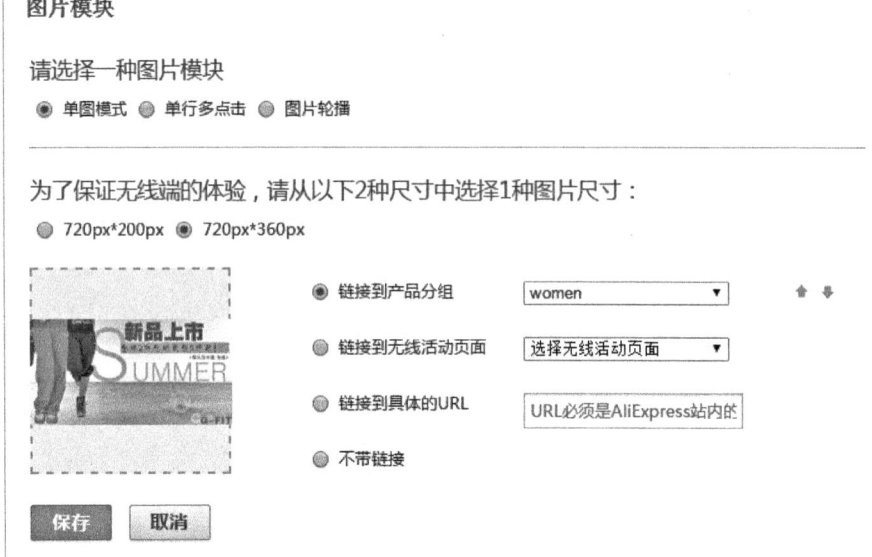

图 5-65　单图模式

① 图片可以链接到某个产品组，选择产品组的操作与 PC 店铺装修内的选择产品分组相似。

② 图片可以链接到某个无线活动页面，通过下拉框选择一个已经创建好的活动即可。

③ 图片可以链接到具体的 URL，URL 必须是 AliExpress 内部的特定链接，如链接到一个具体的商品链接。目前，这些链接只支持 PC 店铺首页地址、PC 商品页地址、无线活动页面和 PC 店铺二级分类这几种地址，其他地址暂不支持。

【小提示 3】 如果错误地使用其他链接会导致无线端转化率下降，间接影响无线搜索排序。

（2）单行多点击模式。单行多点击图片组件，可以通过上传 1～4 张图片来实现在店铺首页添加一个单图模块或一个多图模块的功能。添加多个图片时，必须确保每个图片尺寸完全相同，每个图片可设置不同的链接。不管是单图还是多图，为了保证在无线端展示清晰，图片的总宽度必须在 720px 及以上，一般应用单行多点击模块的场景是做类目导航，如图 5-66、图 5-67 所示。

图 5-66　类目导航

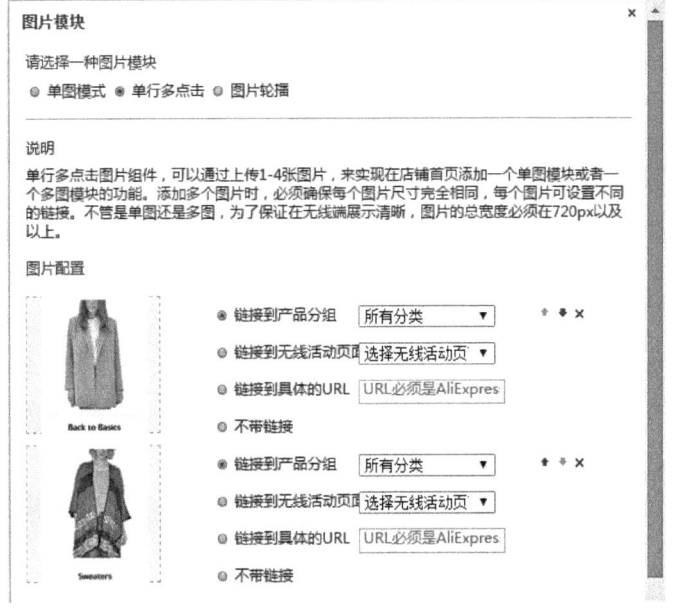

图 5-67　单行多点击编辑

【小提示 4】整行的图片宽度不小于 720px，每个小图片的尺寸必须保证高度和宽度一致，假设是一行 3 个小图片，每个小图片的高度、宽度相等且宽度大于 240px，总宽度大于 720px；假设是一行 4 个小图片，总体宽度不小于 720px，为了算法方便，可以取宽度 800px，每张小图的高度、宽度相等，且宽度必须相等且为 200px。

（3）图片轮播。图片尺寸有两种，宽 720px×高 200px 或宽 720px×高 360px，单击图片轮播组件，可以上传 2～5 张图片进行轮播，编辑方法与单图模式类似，如图 5-68 所示。

图 5-68　图片轮播图片模块

二、无线活动页面的创建

无线活动页面是无线装修的重要组成部分，使用无线活动页面工具搭建的无线活动页面可以用于店铺装修或外部投放，同时有机会得到无线端的关注频道、新品频道和搜索资源的推广。

创建无线活动页面的路径：店铺——店铺装修及管理——无线店铺——进入装修——无线活动页面——添加主题活动，如图 5-69 所示。

图 5-69　添加主题活动

具体操作步骤如下。

1. 编辑标题

标题必须是英文，且长度不超过 64 个字符。

2. 编辑备注

备注中可以输入任何文字，不在买家端展现，仅用于卖家后台管理。

3. 选择活动类型

目前，活动类型有 4 种，分别是促销、新品、品牌和搭配。促销是指有明确利益点的活动，如商品的直接打折、店铺的满减等；新品是指针对有卖点的新品创建的活动；品牌是指品牌故事之类的品牌调性和传播相关的活动；搭配是指能给到买家一些搭配参考、潮流引导或知识介绍的活动。活动类型虽然不会被买家看到，但是错误的活动类型会影响额外资源的获得。

4. 活动时间设置

活动时间指活动的有效时间，所填写的时间都是美国时间，活动时间不能为空，结束时间应该大于开始时间，时间格式为 2017-01-01 00:20:30，请务必按照格式填写，建议活动开始时间大于活动创建时间 2 天以上。

5. 投放语种选择

目前支持英语（主站）、俄罗斯、巴西、西班牙、印度尼西亚、法国、意大利、德国、荷兰、土耳其、日本、韩国、阿拉伯、泰国、越南、希伯来语及波兰语 17 种语言的活动投放，且活动页面和封面语言必须一致。

6. 活动正文

活动的正文部分目前只允许输入文字或添加图片，其中图片可以添加一个或多个商品或店铺首页的链接，使得活动的内容能够最终引导买家的购买。

（1）添加图片的方法。单击"添加图片"按钮——单击"添加文件"按钮——选择"文件"——添加"热区"——输入"链接"——单击"确认提交"按钮，如图 5-70～图 5-75 所示。

图 5-70　添加图片

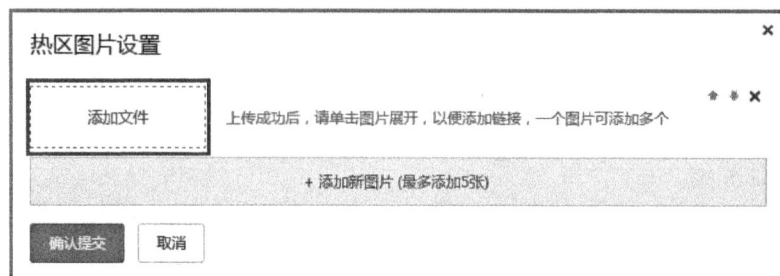

图 5-71　添加文件

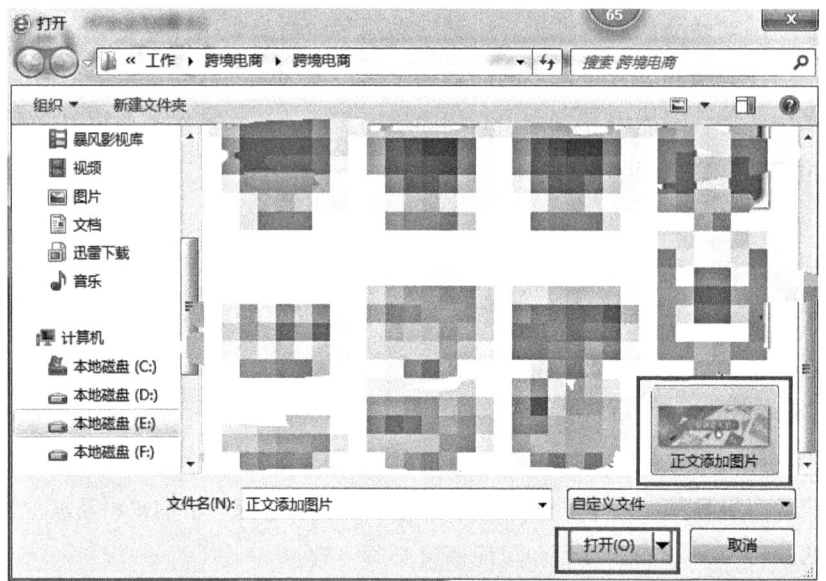

图 5-72　添加图片

图 5-73　添加热区

图 5-74　添加图片链接

图 5-75　确认提交

（2）添加图片的要求。如果是图片+文字页面，先放入所有的文字，在需要添加图片的地方单击添加图片；如果是全部图片的页面，直接添加图片即可。一次可以添加 5 个图片，图片超过 5 个，需分多次上传，页面长度建议在 3～6 屏间。

为了保证无线端的清晰度，图片宽度必须在 720px 以上，单张图片的高度不超过 1000px。单张图片高度越高，图片越大，打开速度越慢，且可能存在被系统自动压缩而变模糊。如果文字是直接做到图片上的，文字的字号不要小于 24px，否则看不清楚。不管是直接放文字还是把文字做到图片上，文字部分都应该简明扼要，不要写太多无关或不重要的东西。

添加图片后，通过鼠标在图片上画框的方式，可以在想要买家点击的地方添加热区，可以添加一个或多个点击，但是同一块区域内，不建议添加超过 3 个以上的热区，以免误点。框不要超出图片本身，否则会点击出错。

图片热区链接目前只支持 PC 店铺首页地址、PC 商品页地址、无线活动页面地址和 PC 店铺二级分类地址，其他地址暂不支持。需要特别注意，如果错误地使用其他链接会导致无线端转化率下降，间接影响无线搜索排序。

【小提示 5】 一屏以内的活动审核不通过；添加的图片一定要加链接，否则无线活动页面买家就只能看，不能点击到商品页购买，是一种极大的浪费。

7. 申请投放

完成页面内容后，可以申请无线端的资源位来推广活动。目前，开放申请的资源有无线关注频道（My Favorites）和无线搜索位置（金银牌卖家专享）。一般卖家只有一种资源：无线关注频道资源，如图 5-76 所示。

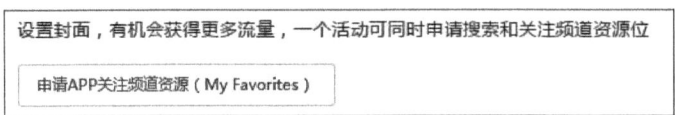

图 5-76 申请资源

关注频道资源位，尺寸 720×360，如图 5-77 所示，图片需要包含文案，参考设计如图 5-78 所示。

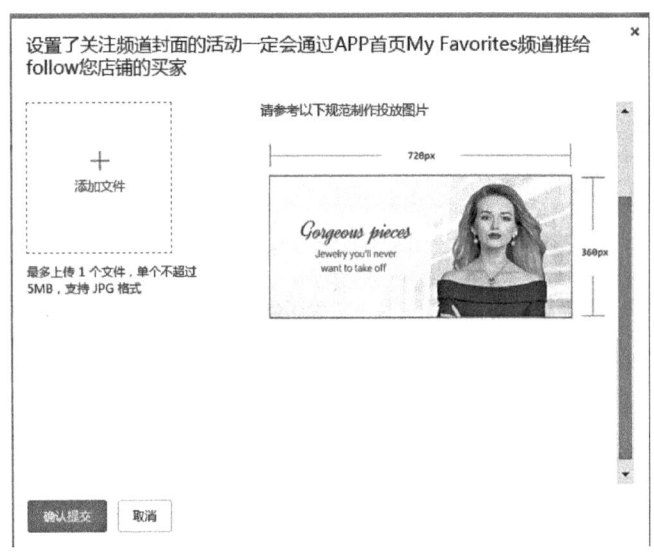

图 5-77 频道资源位

图 5-78 频道资源位设计参考

申请和获得资源的关系如下：

卖家创建了任何一个类型的无线活动页面，并且申请了 App 关注频道的资源，一定会获得这个资源，该资源将通过 App 端的关注频道推给关注过店铺或加购/收藏/购买过店铺商品的买家，卖家如果想要从买家前台看到效果，务必提前关注自己的店铺，最好只关注自己的店铺，并通过 App 端的 My Favorites 频道查看。

 牛刀小试

❖ 思考题：

无线店铺首页装修有哪几个模块？

❖ 操作题

1．装修无线店铺首页页面。

2．为无线店铺添加一个页面活动。

任务三　利用装修市场

 任务描述

小林学习了装修 PC 店铺和无线店铺之后，发现店铺的设计与排版比较难，要设计出一个美观的页面对于一个新手来说相当困难。小林突然想到在学习 PC 店铺时，可以在装修市场买模板，接下来学习如何利用装修市场这个资源。

知识准备

全球速卖通装修市场对于不会设计、不会美工、不会写页面代码的新手卖家来说是一个很好的选择，它提供了丰富的店铺装修模板，有上百套模板，你可以选择适合自己的店铺模板，让你的店铺高端、大气、上档次，从而提高店铺品牌形象，提升装修店铺的效率。

一、模板市场

（一）模板市场的基本功能

模板市场包括店铺版本和店铺类型两方面。店铺版本包括：高级模板和基础模板；店铺类型包括：数码 3C、珠宝首饰、服装箱包等 7 种类型，如图 5-79 所示。

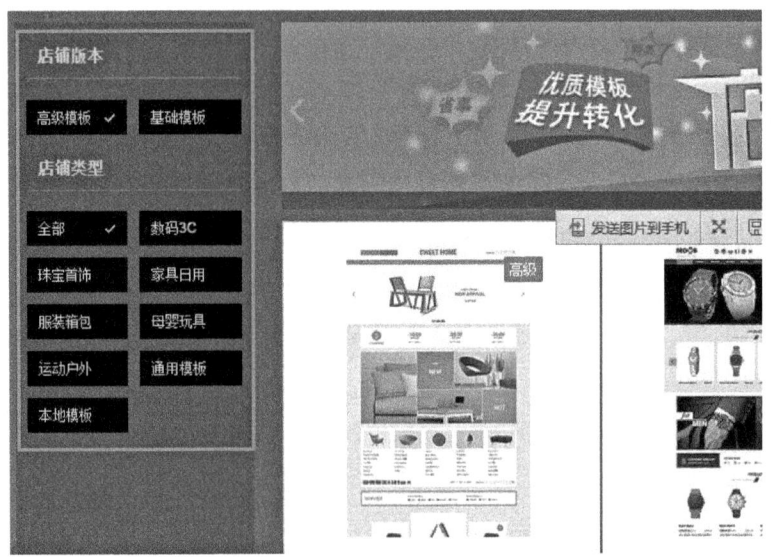

图 5-79　模板市场

（二）挑选模板

（1）选择店铺版本，可以根据个人的喜好选择版本，高级模板相对于基础模板有设计师新增的 UI 模块，简单模板模块与系统默认提供的一致；从外观上看，高级模板全屏海报显示，产品分类更加清晰，设计更加高大上；但购买的价格也是基础模板的好几倍，如图 5-80 所示。

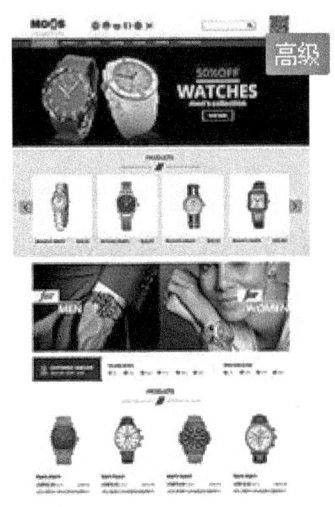 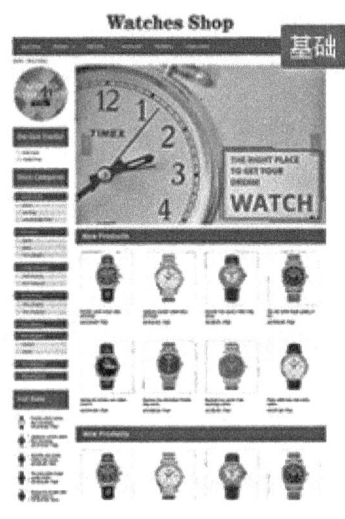

图 5-80　店铺模板

（2）选择店铺类型，为了能更加适合店铺的产品，可以在店铺产品同类目模板中选择模板进行设计，这样会更加符合店铺的设计要求。如你的店铺是服装类目，你可以选择服装箱包类模板，如图 5-81 所示。

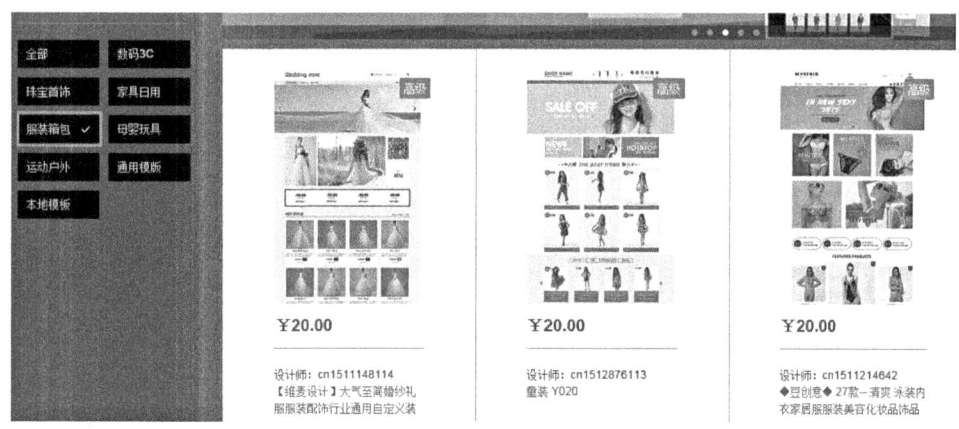

图 5-81　选择店铺类型

二、模板试用和购买

（一）模板的试用

在选定一个模板之后，选不要着急购买，可以通过单击试用来确保这个模板是否有误，再看是否真的适合你的店铺。选择一个模板，单击进入该模板，然后单击"马上试用"按钮，如图 5-82 所示。

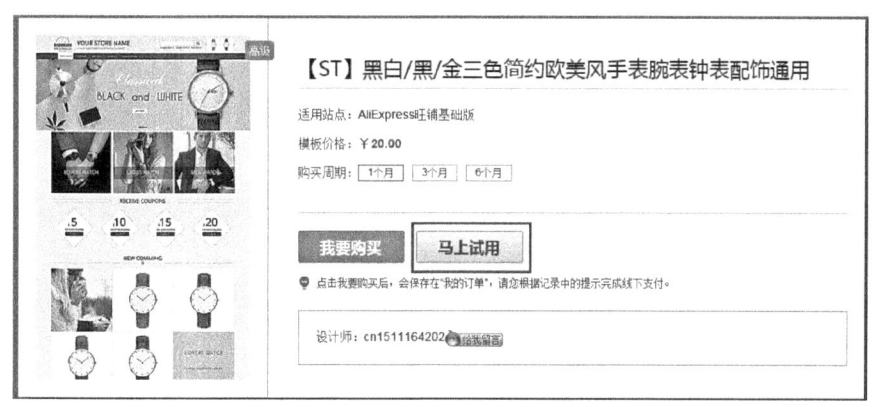

图 5-82　模板试用

（二）模板的购买

模板购买的流程：选择"购买周期"——单击"我要购买"按钮——单击"确认购买"按钮——查看设计师支付宝账号并转款——联系设计师授权开通模板，如

图 5-83 所示。

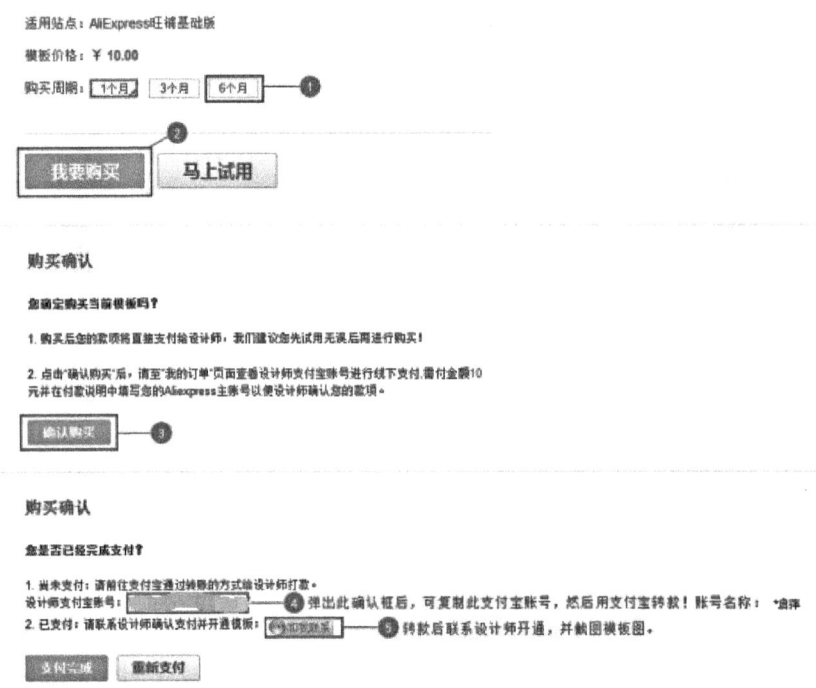

图 5-83 模板购买流程

购买完成后就可以到模板管理中选择"我购买的模板",单击进行应用即可。应用完成后也可以通过"数据纵横"功能分析店铺装修前后浏览量、买家数、访问深度等的数据变化,检测这个装修效果如何。

牛刀小试

❖思考题

如何选择适合自己的装修模板?

❖操作题

选择一个适合自己店铺的模板进行试用。

项目六

整合跨境电商的推广

学习目标
- 掌握店铺活动设置。
- 掌握平台活动和客户管理营销。
- 掌握联盟营销。
- 掌握全球速卖通直通车。

任务一　玩转店铺活动

任务描述

店铺已经成功创建,为了让店铺能够快速发展,需要进行各种营销推广活动,让更多的顾客知道我们的产品和店铺。如何提高曝光量和浏览量,是卖家要持续关注的。本任务主要是运用店铺活动,增加曝光量,提升购买率。

知识准备

全球速卖通店铺活动主要有限时限量折扣、店铺优惠券、全店铺满立减和全店铺打折,除此之外,现在平台又增加了"购物券",如图6-1所示。

不过盲目做活动却不看数据是没有效果的,我们要每天查看"数据纵横",结合数据分析经营情况,进行营销活动。

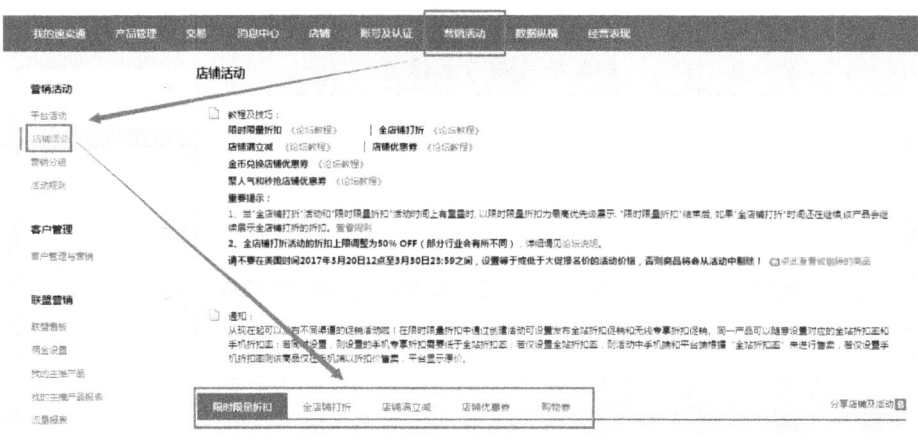

图6-1　店铺活动

一、限时限量折扣和全店铺打折

(一)限时限量折扣

利用限时限量折扣工具,可以获得额外曝光。一是买家购物车、收藏夹里的商品一旦打折,立刻会收到系统提示,提升购买率;二是全球速卖通买家搜索页面"Sale Items(折扣产品)"时,通过"限时限量折扣"工具打折的商品将有机会展示在搜索结果的第一页。

限时限量折扣以月为单位,每月活动总数量40个,总时长1920小时。限时限量活动设置对应的活动库存，买家下单扣减对应的活动库存；如需补充请在活动开始后在对应的活动设置页面进行补充设置。

（1）单击"创建活动"按钮，如图 6-2 所示，进入活动设置界面。

图 6-2　创建限时限量折扣活动

（2）活动开始时间为美国太平洋时间，打折商品 12 小时后展示给买家，所以要提前 12 小时创建好活动，如图 6-3 所示。

图 6-3　限时限量折扣活动信息

（3）创建好限时限量活动后，单击"添加商品"按钮，选择参与活动的商品，每个活动最多只能选择 40 个商品，如图 6-4 和图 6-5 所示。

图 6-4 添加商品

图 6-5 选择商品

（4）设置商品折扣率和促销数量，可批量设置折扣库存，也可单独设置，如图 6-6 所示。注意：20% OFF 是指商品 8 折，30% OFF 是指 7 折，以此类推。

图 6-6 设置折扣

（5）单击"确定"按钮后即完成设置，活动将处于"未开始"状态，此时可以进行修改活动时间、增加和减少活动商品等操作。活动开始前 6 小时将进入锁定状态，活动状态将变成"等待展示"，活动开始后将处于"展示中"状态。"等待展示"和"展示中"不可编辑，也不可停止。特别提醒，限时限量折扣活动一旦创建，商品即被锁定，目前只支持部分属性的编辑功能，若价格设置错误只能下架操作。每次活动设置的时间尽可能短，最好不要超过 7 天，以便灵活调整、随时修改。

进行限时限量折扣活动设置需要注意勿提价打折，系统会定期扫描提价打折的卖家，一旦卖家过于频繁地先提价再使用工具打折，可能会被剥夺工具的使用权；打折后的商品并未进入平台搜索排序，但如果提升了原商品的价格，反而会使价格搜索排序靠后。

（二）全店铺打折

"全店铺打折"也以月为单位，每月活动总数量 20 个，总时长 720 小时。全店铺打折活动不设置独立活动库存，全店铺打折产品售卖时扣减产品库存。"全店铺打折"可以让所有的产品参与活动，也可以对产品进行分组，在分组的基础上设置折扣。

（1）如图 6-7 所示，一般先进行"营销分组设置"，单击该按钮进入。

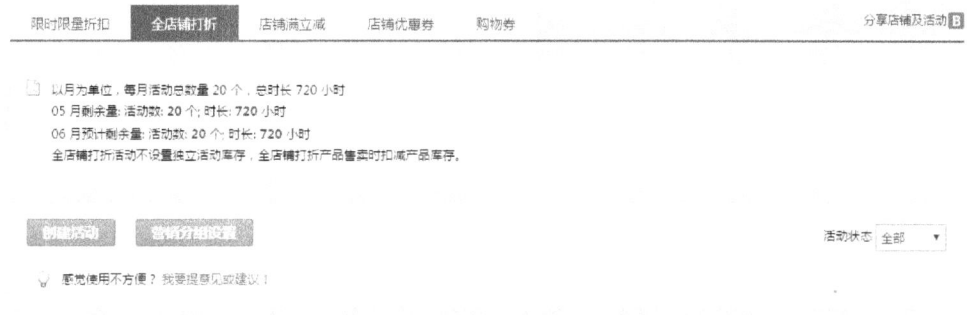

图 6-7 全店铺打折

（2）可以用不同方法进行营销分组，这里用折扣的多少来进行分组，如图 6-8 所示，单击"新建分组"按钮添加新的分组，输入组名后单击"保存"按钮，单击后面的"操作"按钮可以进行"编辑""排序"和"删除"。

图 6-8　营销分组

（3）如图 6-9 所示，单击"组内产品管理"会进入相应分组的组内产品管理，可以进行"添加产品""移出分组""调整分组"等操作。

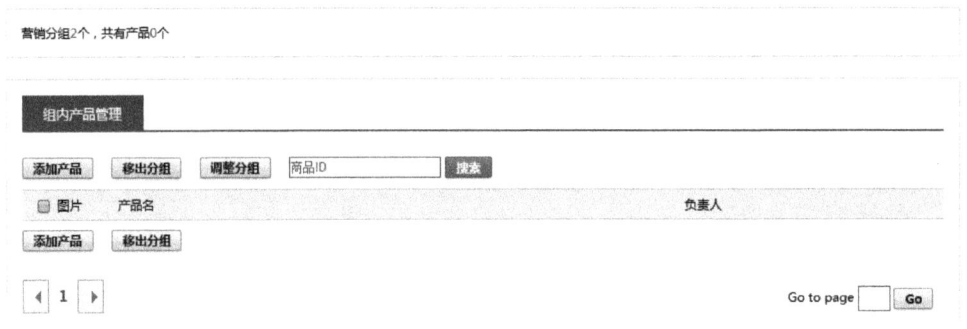

图 6-9　组内产品管理

（4）再单击图 6-7 中的"创建活动"按钮，进入如图 6-10 所示的活动信息设置页面。输入活动名称及活动开始时间、结束时间，全店铺打折活动只能设置 24 小时之后的活动，设置的是美国时间。

（5）针对不同的分组设置不同的折扣，最后单击"提交"按钮完成活动的设置。"Other"组是系统默认设置的，包含所有没有归入指定组的产品。由于系统同步等可能的问题，"other"组的产品可能出现打折不成功的情况，为了更好地利用打折工具，尽可能减少使用该分组。

全店铺设置完毕后并不是所设置折扣的产品都会进入到分组中，需要折扣后价格低于 90 天售卖均价才可以被通过打折。

图 6-10 活动信息设置

和限时限量折扣相似,不要提价打折,活动开始后不能停止。

二、店铺满立减和优惠券

(一)店铺满立减

店铺满立减是指针对全店铺的商品,在买家的一个订单中,若订单金额超过了所设置的条件,在其支付系统会自动减去优惠金额。它既可以让买家感到实惠,又能刺激买家为达到优惠条件而多买。正确使用满立减工具可以刺激买家多买,从而提升销售额,拉高平均订单金额和客单价。

店铺满立减也以月为单位,每月活动总数量 10 个,总时长 720 小时;可创建次月开始的活动。如图 6-11 所示,输入活动名称、活动开始和结束时间、活动商品及促销规则。注意:同一个时间内(活动开始时间到活动结束时间)只能设置一个满立减活动(含全店铺满立减、商品满立减)。

目前支持"全店铺满立减"和"商品满立减"的选择。选择"全店铺满立减",商品即是全店铺商品,订单金额包含商品价格和运费,限时折扣商品按折后价参与。选择"商品满立减",即为设置了活动的部分商品的满立减活动,订单金额包含商品价格(不包含运费),限时折扣商品按折后价参与。这种类型活动需选择商品,设置"选择商品",针对"商品满立减"活动需要"添加商品",每次活动最多可以选择 200 个商品。

图 6-11 活动信息设置

目前的满减条件支持类型有"单层级满减"和"多梯度满减"。选择"单层级满减",需要设置单笔订单金额条件及立减条件,该类型的满减可以支持优惠可累加的功能,即当促销规则为满 100 减 10 时,则满 200 减 20、满 300 减 30,依此类推,上不封顶。

选择"多梯度满减",需要至少设置 2 梯度的满立减优惠条件,最多可以设置 3 梯度的满立减优惠条件。多梯度满减指的是不同优惠比例的阶段性满减活动,设置时需要满足以下两个要求:一是后一梯度的订单金额必须要大于前一梯度的订单金额;二是后一梯度的优惠力度必须要大于前一梯度。

举例说明:满减梯度一设置为:满 100 美元立减 10 美元(9 折);则满减梯度二设置的单笔订单金额必须大于 100 美元,假设设置为 200 美元时,则设置对应的立减金额必须大于等于 21 美元(最大为 8.95 折)。

目前,针对满减信息在店铺的展示位有:Store Home 页面、Products 页面、Sale Items 页面,以及 Sale Items 页面下的 seller discount 页面和产品的详情信息中。

(二)店铺优惠券

店铺优惠券主要有两种类型:领取型优惠券和定向发放型优惠券。现在平台还提供了另外三种优惠券:金币兑换优惠券、秒抢优惠券和聚人气优惠券。店铺优惠券也以月为单位,具体数量如图 6-12 所示。

项目六 整合跨境电商的推广

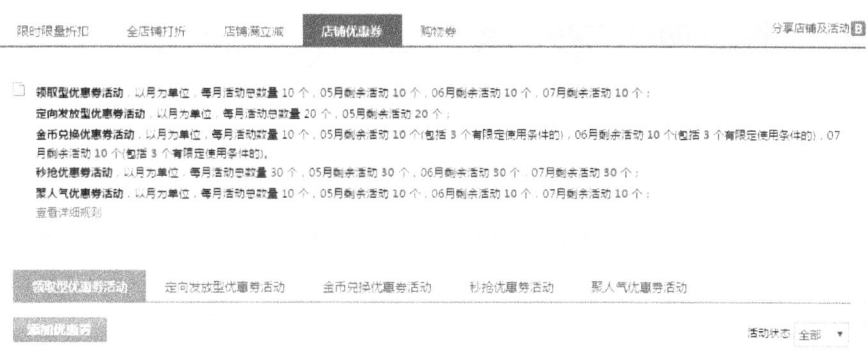

图 6-12 店铺优惠券

1. 领取型优惠券活动

单击"添加优惠券"按钮，设置活动信息，如图 6-13 所示。输入活动名称、活动开始和结束时间（美国太平洋时间）、优惠券领取规则、优惠券使用规则等，设置完后单击"确认"按钮即可完成优惠券的设置。

图 6-13 领取型优惠券活动设置

注意："面额"是指优惠券的优惠金额，若优惠券为满 X 美元优惠 Y 美元时，这里的面额指的是 Y。"使用条件"设置为"不限"时，则优惠券使用条件为 Y+0.01 美元。"有效期"有两种设置形式，一种是指定有效时长，即买家拿到手后多少天可以用；另一种是指定有效期，即优惠券只能在设置的使用时间内进行使用，其他时间不可使用。

2. 定向发放型优惠券活动

定向发放型优惠券有两种类型的发放形式："选择客户线上发放"和"二维码发放型优惠券"，如图6-14所示。

图6-14 定向发放型优惠券活动设置

选择客户线上发放，即直接给客户发放店铺优惠券，由卖家直接触发给予客户，这时候建议卖家配合客户营销邮件一起给予买家进行优惠券的营销，刺激买家前来下单。二维码发放型优惠券，即给予买家的是二维码，这种类型的优惠券建议可以搭配在发送给予客户的包裹中，买家通过扫码的形式就可以领取优惠券了。

具体的活动设置和领取型优惠券活动类似，可以自己设置相应的信息完成活动的设置。

需要注意以下几个问题：

（1）客单价计算。以近30天为例，客单价=近30天的总支付成功金额/近30天购买人次。简单算法是：可以将平均订单金额类似看作客单价，平均订单金额=支付成功订单总金额/支付成功订单数。对于暂时没有交易的卖家，可以根据自身的商品定价，预估买家的可能购买金额。

（2）店铺优惠券和其他营销工具，如满立减、限时折扣、全店铺打折等，效果会叠加。其使用技巧是：如果店铺中有大量折扣商品或折扣价较低，设置店铺优惠券的时候设置有使用条件的优惠券，根据商品价格来设置订单满$X才可以使用。满立减和店铺优惠券分层设置，如设置满$50可使用$3的优惠券，再设置一个满$100减$10或满$80减$5的优惠，满足不同购买力的买家需求，同时刺激低购买力买家提升购买量。

（3）一个订单只能使用一张。

（4）设置完后的店铺优惠券会展示。领取型优惠券会在店铺中展示，具体展示在店铺首页、sale items 页面等；但是请注意这些展示位只会在系统默认的店铺装修模板中进行展示，如果进行了店铺装修操作，具体的展示位会因为设计师模板不同而有所不用。定向发放型优惠券是不会在店铺中展示的。

3. 聚人气和秒抢优惠券活动

聚人气店铺优惠券指通过买家人传人的形式快速给店铺带来新流量，买家只有拉来其他买家帮其领取，才能获得此店铺优惠券。秒抢店铺优惠券指通过无门槛的大额店铺优惠券吸引买家到店，并且可有效维持店铺的买家活跃度。

聚人气和秒抢优惠券活动设置后不会主动在店铺内呈现，只有报名相应的平台活动，才会出现在对应平台活动的场景内。所以单独设置聚人气店铺优惠券是没有曝光渠道的，需要报名平台活动一起才有曝光场景。

卖家每个月可以设置 10 个聚人气店铺优惠券活动，但是同一时间只能设置一个。设置的聚人气店铺优惠券必须是无门槛的优惠券，其面额可以为2~200 美元中的任意整数，张数为100~99 万张间 77 的整数，设置过程中有二次提醒，在活动开始前都可以进行修改，活动开始后只能增加张数不可做其他修改。

卖家每个月可以设置 30 个秒抢店铺优惠券活动，但是同一时间最多只能设置三个活动。设置的秒抢店铺优惠券必须是大额无门槛的优惠券，其面额可以为5~200 美元中的任意整数，张数为50~99 万张间的整数，活动的开始时间只可选择每天的美国时间 2 点、8 点、14 点和 20 点，结束时间为开始时间后 10 分钟。设置过程中有二次提醒，在活动开始前都可以进行修改，活动开始后只能增加张数不可做其他修改。如果报名的活动需要进行编辑修改，需要重新选择活动开始时间。

不论是聚人气还是秒抢店铺优惠券，以及已有的领取型店铺优惠券和定向发放型优惠券，买家可以同时领取多张，但是在一次下单时只能使用其中的一张。

4. 金币兑换优惠券活动

无线金币频道是目前手机 App 上流量最高、买家黏度最高的频道。频道中包括了各类的游戏玩法和红包优惠，吸引着全球买家定期的回访和后续的转化。作为一个大流量的营销平台，卖家可以通过设置店铺优惠券或报名参加金币全额兑换商品活动来通过金币频道吸引更多高黏度的买家到自己的店铺。

无线金币频道的主要功能是获得金币，可通过签到得金币或翻牌子得金币。签到规则是每天每人只能签到一次，且如果断签，获得金币数将从 1 个开始，如图 6-15 所示。

翻牌子得金币的规则是，每次翻牌子需要消耗 5 个金币，且每人每天最多可以玩 10 次；翻牌子的奖励有店铺优惠券和不等面额的金币，每次翻出两张牌子（翻牌子出来的店铺优

连续签到天数	获得金币数
第一天	1个
第二天	5个
第三天	8个
第四天	10个
第五天	12个
第六天	14个
第七天	15个
>=第八天	16个

图 6-15 签到获得金币

惠券，主要来源于平台卖家设置的无门槛的店铺优惠券，会根据买家的行业偏好个性化推送）。

卖家可以通过设置金币兑换优惠券活动，如图6-16所示。设置完成后，店铺的信息会在活动开始时同步到手机金币频道（根据不同的买家偏好展示不同的店铺）。

图6-16 金币兑换优惠券活动设置

资料卡

购物券

购物券活动是由平台发起基本规则，卖家参与的活动。单店可选择支持的门槛及支持的购物券张数，买家下单时满足单店门槛且仍然有张数时可下单使用。抵扣的购物券金额从支付金额中扣除，且不放款给卖家。购物券活动一旦报名就不能退出。在购物券界面单击"报名活动"按钮后，填写对应的张数和面额门槛信息即可。

牛刀小试

❖思考题

1．店铺活动有哪几种类型？
2．店铺优惠券有哪几种类型？

❖操作题

运用每种店铺活动,设置相应的店铺活动。

任务二　利用平台其他营销活动

 任务描述

全球速卖通平台除了提供了丰富的店铺活动营销,还提供了很多其他营销活动,如平台活动、客户管理与营销、联盟营销和速卖通直通车等,我们将在本任务学习平台活动、客户管理与营销和联盟营销,在下一任务学习速卖通直通车。

 知识准备

一、平台活动和客户管理与营销

(一)平台活动

平台活动作为平台流量的集中地,已经有越来越多的卖家参与报名平台活动了。设置平台活动比较简单,如图6-17所示。首先,选择对应想要报名的平台活动,可以通过筛选栏找到符合要求的平台活动。目前的筛选支持两个维度的筛选功能:活动状态("所有活动"和"可参加的活动")及活动类型。

图6-17　平台活动

其次,查看活动报名要求,找到符合要求的活动进行报名,未达到报名门槛的可以通过不符合资质原因进行确认,也可以尽快进行相应的设置。由于数据源的问题，针对店铺维度的数据，平台校验的是两天前店铺维度的指标数据是否符合要求，而针对店铺满立减和店铺优惠券校验的是即时性的数据。

最后，选择符合要求的产品，设置对应的活动折扣和库存要求。目前根据SKU维度设置活动折扣和活动库存，设置完对应的信息即可报名活动。由于报名平台活动后不能进行更改，所以请谨慎报名设置对应的活动。

（二）客户管理与营销

随着订单数量的增加，买家信息也会越来越多，卖家可以通过"营销活动"中的"客户管理"中的"客户管理与营销"功能，进行客户营销，如图6-18所示。其营销方式主要是"邮件营销"和"定向优惠券营销"。

图6-18 客户管理与营销

1. 客户管理

客户管理中的"所有客户"区分"已交易""加购物车""加收藏夹"的客户，支持多维度筛选。默认筛选项是不展示的，单击右边的"更多筛选条件"按钮后，会展示对应的筛选项。所有的客户数据都会有48小时的延迟，相关客户数据可能存在数据同步不及时的问题。

"已交易"中支持通过成交次数、累计成交额、最后订单号、最后成交时间、最后评价得分、最后评价时间这些维度筛选所需要的买家信息；支持直接将当前类型下的客户加入到买家黑名单。目前只支持将"已交易"的客户加入到黑名单，也可以到黑名单页面直接将客户移出黑名单。

"加购物车"中支持针对加购物车商品数、加购物车商品金额、最后加购物车时间维度搜索；由于该部分的客户不一定为交易过的客户，所以未显示客户的真名，也无法将客户直接加入到黑名单中。

"加收藏夹"中支持针对加收藏夹商品数、加收藏夹商品金额、最后加收藏夹时间维度搜索;这些客户也不一定为交易过的客户,所以未显示客户的真名,也无法将客户直接加入到黑名单中。

卖家可以通过"加入分组"中的"新建分组"新建营销分组,也可以通过"营销分组"模块里的"新建分组"新建,如图6-19所示。目前最多只支持10个分组,当删除某分组后,分组中的客户默认从分组中删除,成为没有分组的客户。

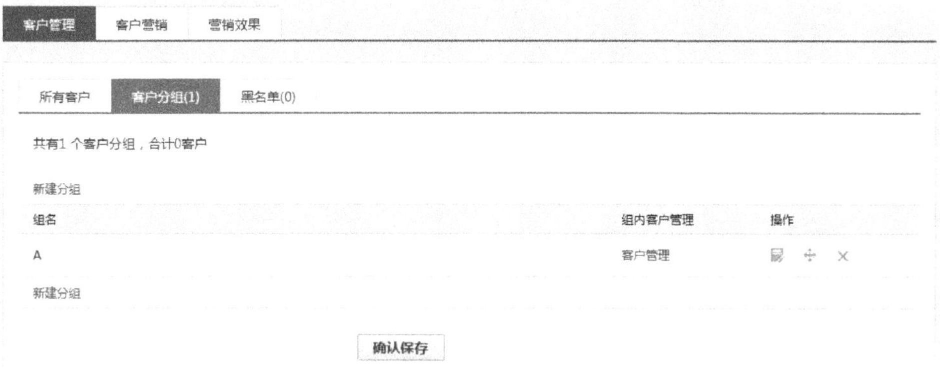

图6-19　营销分组

2. 客户营销

根据客户不同情况,可以进行邮件营销或优惠券营销。

(1)邮件营销。

① 选择"邮件营销"选项卡,单击"发送营销邮件"按钮,如图6-20所示。

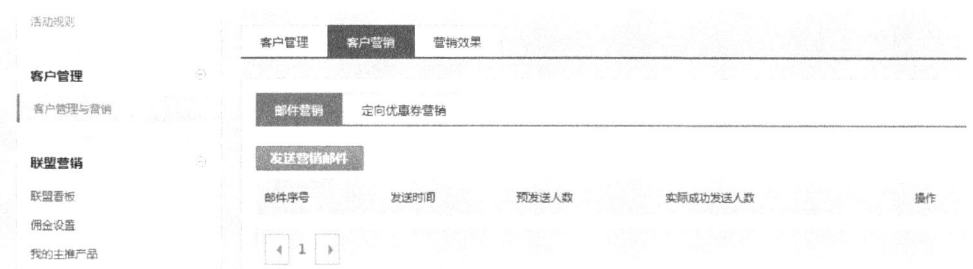

图6-20　发送营销邮件

② 进入编辑营销邮件页面,选择发放的客户,编辑邮件标题及邮件内容。一个邮件中最多可以添加8个产品,若店铺目前有优惠券,可以添加在对应的邮件中,最后可以进行"邮件预览"和"确认发送",如图6-21所示。

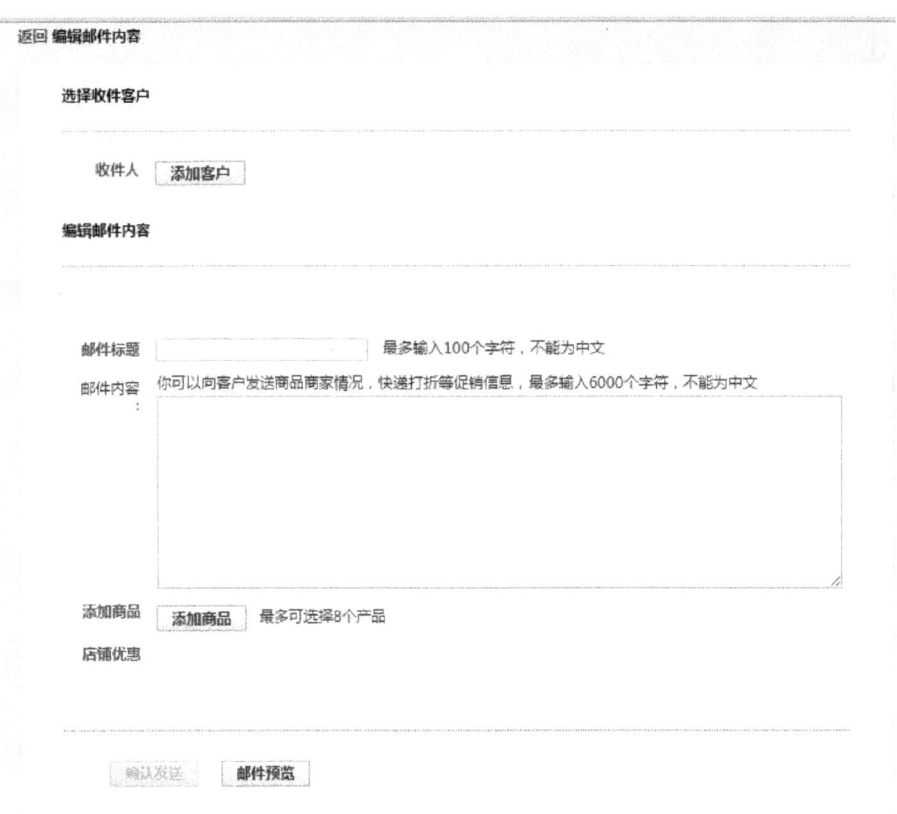

图 6-21 编辑营销内容

③ 卖家可以查看邮件发送效果，如图 6-22 所示。当买家退订或网络问题可能出现发送不成功的情况，对应的 list 页面将展示预发送人数和实际成功发送人数。

图 6-22 邮件发送效果

（2）定向优惠券营销。

选择"发送定向优惠券"选项卡，然后选择客户及对应的优惠券进行发送，如图 6-23 所示。卖家也一样可以查看优惠券效果。

图 6-23　发送定向优惠券

3. 营销效果

全球速卖通支持查看各类型的营销效果，总体营销效果的展示页面如图 6-24 所示，目前支持 7 天、14 天、30 天效果的筛选。

图 6-24　客户管理与营销

二、联盟营销

全球速卖通的联盟营销是一种"按效果付费"的推广模式。参与到联盟营销的卖家，只需为联盟网站带来的成交订单支付联盟佣金。联盟营销为卖家带来站外的流量，只有成交才需付费。

加入全球速卖通联盟之后，商品除了现有的渠道进行曝光外，站内会在全球速卖通的联盟页面或渠道得到额外曝光，站外会输送联盟流量，带来的用户只有下单后卖家才需要支付佣金。

联盟效果的数据可以在"联盟营销"里的"联盟看板"中查看，佣金明细可以在"成交详情报表"中查看。

联盟营销中可以设置和查看的内容如图 6-25 所示。

图 6-25 联盟营销

（一）加入和退出

在"营销中心"中的"联盟营销"里，单击确认服务协议，就成功加入了全球速卖通联盟营销。一旦加入联盟，那么整店所有商品都变成联盟商品，同时，系统会自动根据卖家设置的默认联盟佣金比例为所有的商品设置联盟佣金。如果希望推广的效果更好，建议根据产品的利润空间调整联盟佣金比例。如果曾经选择退出联盟营销，那么只能在退出的那天起开始计算 15 天之后才能再次加入。

加入联盟推广的 15 天后，卖家可以退出。退出联盟后，则之后创建的订单将不再收取联盟佣金。但若订单在卖家退出之前创建，并且是联盟订单，则这部分订单交易结束后仍要收取联盟佣金。

退出后，在联盟营销中看到加入联盟的界面，说明已经退出了。如果看到的界面是联盟看板的界面，说明退出联盟未成功，需要重新操作。

（二）佣金和主推产品设置

佣金可以分为以下三种：

（1）所有加入联盟的商品。一旦加入联盟，整店所有商品都变成联盟商品，系统会自动根据卖家设置的默认联盟佣金比例为所有的商品设置联盟佣金。

（2）店铺下的类目商品。卖家可以对店铺下所有产品对应的类目设置类目佣金比例。

（3）主推商品。卖家可以把店铺中的部分商品设置为主推商品，设置相应佣金比例，一般会设置得较高。

卖家可以在"联盟营销"中的"我的主推产品"添加主推产品，最多可以设置60个主推产品。

牛刀小试

❖思考题

1．卖家还可以利用哪些平台提供的营销活动？
2．联盟营销的佣金有哪几种？

❖操作题

1．登录全球速卖通账号，进入营销活动中的平台活动，查看最近的平台活动并记录。
2．设置客户分组，把客户分成不同的分组。
3．进行邮件营销，撰写一封营销邮件。
4．进行定向发送优惠券。
5．加入联盟营销，设置佣金、主推产品等，并查看营销效果。

任务三　利用速卖通直通车

任务描述

速卖通直通车是平台会员通过自主设置多维度关键词，免费展示产品信息，通过大量曝光产品来吸引潜在买家，并按照点击付费的网络推广方式。速卖通直通车是一种快速提升店铺流量的营销工具，本任务将学习速卖通直通车的相关知识和设置。

知识准备

一、速卖通直通车

速卖通直通车是平台会员通过自主设置多维度关键词，免费展示产品信息，通过大量曝光产品来吸引潜在买家，并按照点击付费的网络推广方式。

（一）展示位置

速卖通直通车最大的价值在于吸引流量，即"引流"，从而快速提升产品曝光率，提高产品销量，提升店铺品牌知名度。速卖通直通车展示位置如图 6-26 所示，分别在右侧和底部。

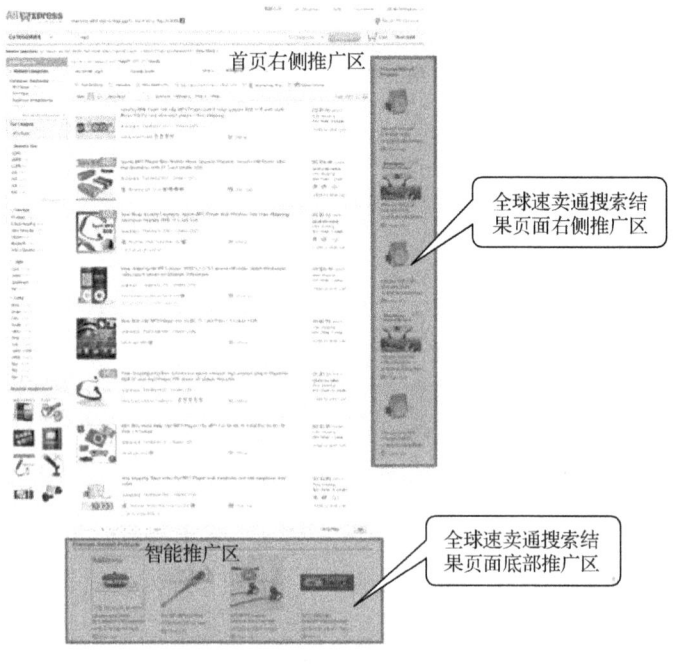

图 6-26　速卖通直通车展示位置

推广商品展示在买家面前的常见情况有：

（1）当买家搜索了卖家购买的推广关键词时，卖家的推广商品将有机会出现在搜索结果页的右侧推广区或底部推广区。

（2）当买家搜索了与卖家所购买的推广关键词相近的关键词时，卖家的推广商品将有机会出现在搜索结果页的底部推广区。

（3）当买家浏览了含有卖家商品的相关类目时，直通车将根据卖家所购买的推广关键词和类目及买家喜好智能地将卖家的推广商品展示在类目结果页的右侧推广区或底部推广区。

速卖通直通车在给产品带来曝光量的同时，精准的搜索匹配也给宝贝带来了精准的潜在买家。买家点击进入店铺，产生一次甚至多次的店铺内跳转流量，这种以点带面的关联效应可以降低整体推广的成本和提高整店的关联营销效果。

（二）推广产品的排序

速卖通直通车中影响商品排名的主要因素有推广评分、关键词出价，推广评分与关键词出价越高，排名靠前的机会越大。

推广评分主要用于衡量卖家推广的商品在该关键词下的推广质量。系统会根据多种影响因素定期自动计算，速卖通直通车会持续优化推广评分公式，其主要影响因素如下：

（1）关键词与卖家推广商品的相关程度（如文本信息、类目、属性等）。

（2）推广商品的信息质量（如属性填写完整程度、描述的丰富度等）。

（3）买家喜好度（如点击、下单、评价等行为）。

（4）该商家的账户质量（如速卖通平台中该商家、商品处罚信息等）。

目前，推广评分分为"优""良"和"—"三档。

如果推广评分为"优"，表示有资格进入搜索结果首页右侧位置，但是否实际进入，还要取决于出价人数和卖家的出价情况。

如果推广评分为"良"，说明推广评分较差，没有资格进入搜索第一页结果首页右侧位置。卖家需要通过更换关键词或优化商品信息等方法，将推广评分提升为优，并设置有竞争力的价格，增加进入搜索结果首页右侧位的展示机会。

如果推广评分为"—"，表示推广评分很低，无法参与正常投放，卖家需要为这样的词添加相关的商品，或者删除这些低推广评分的词。

为了更好地保证推广效果，建议定期对推广商品信息描述进行优化，同时选择正确的推广行业，以持续提升商品推广评分，同时设置具有竞争力的出价。

（三）点击和扣费

扣费点击是指经速卖通直通车防无效点击系统确认为来自非中国大陆地区的正常买家、能够为卖家带来有效访问的、系统可扣费的点击。

当买家搜索了一个关键词，当卖家设置的推广商品符合展示条件时，就会在相应的速卖通直通车的展示位置上出现。当买家点击了卖家推广的商品时，才会进行扣费。

关键词出价会在一定程度上影响卖家为每次点击支付的费用。该金额表示的是为一次广告点击支付的最高金额,实际扣费小于或等于出价金额。

每次发生扣费时,系统会根据对应展示所监控到的关键词出价人数等情况,自动计算出保持关键词排名所需的最低价格。由于商品排名与推广评分及出价两个因素有关,因此商品推广评分越高,实际点击扣费就会越低。

无效点击是指经速卖通直通车防无效点击系统确认的、不为卖家带来有效的访问的点击。卖家无须为无效点击付费,无效点击主要包括以下情形:中国大陆地区点击、重复性的人工点击、非人工的自动点击、其他欺诈性软件产生的点击等。

速卖通直通车具有国际领先的防无效点击技术,利用多达几十种维度的辨别方法,通过实时过滤、分析过滤等防范机制来识别和过滤这些无效点击。同时,速卖通直通车还配有专门的团队监控无效点击的现状及发展趋势,不断对辨别方法进行升级,完善过滤机制,对历史数据进行校验以识别潜在的恶意点击,以保障卖家的利益。

(四)商品推荐投放

"商品推荐投放"通过推广计划内的商品的出价,以及商品与买家需求的匹配度,将商品推荐在买家关注的位置。商品推荐投放着重于非搜索的流量,根据当前买家的行为习惯或流量特性来进行匹配。其显示的位置是在详情页底部的推荐位或行业首页的推荐位,如图6-27所示,左图为详情页下方的推荐位,右图为行业首页的推荐位。

图 6-27　商品推荐投放位置

二、推广计划

选择"营销活动"中的"速卖通直通车"里的"直通车概况",进入速卖通直通车管理系统的首页。

(一)推广计划的创建

单击首页导航栏的"推广管理"进入推广计划创建页面,如图6-28所示,单击

"新建推广计划"按钮。

图 6-28　推广管理

1. 选择推广方式

推广计划分为"重点推广计划"和"快捷推广计划"两种，如图 6-29 所示，除此之外，平台还新推出了"全店管家"功能，只需简单设置，系统会自动托管。

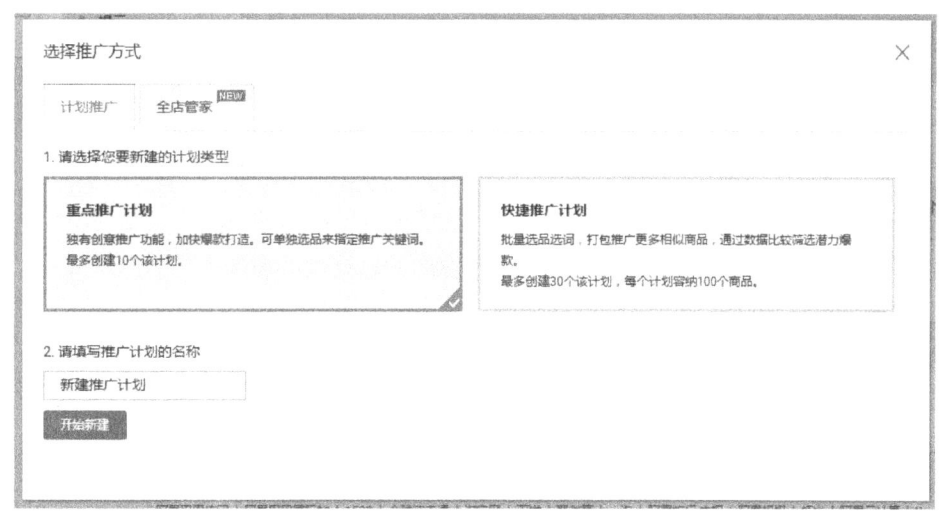

图 6-29　推广方式选择

重点推广计划适用于重点商品的推广管理。卖家最多可以建 10 个重点计划，每个重点计划最多包含 100 个单元，每个单元内可以选择一个商品。建议优先选择市场热销或自身有销量、价格优势的商品来进行推广（比如参考商品分析中的成交转化率、购物车、搜索点击率等数据）。独有创意推广等功能，可帮助卖家更好地打造爆款。

快捷推广计划适用于普通商品的批量推广。卖家最多可以建 30 个快捷推广计划，每个计划最多容纳 100 个商品、20000 个关键词。快捷推广中的批量选词、出价等功能可以帮助卖家更加快速地建立自己的计划，捕捉更多流量。

2. 选择商品

商品需满足下列三个条件才可会被展示在待添加的列表中：

（1）已通过网站审核的上架。

（2）未过期的商品。

（3）未在其他推广计划中添加过的商品。

3. 选择关键词

（1）系统推荐词。根据在第一步选商品页面中所添加的商品，系统会在第二步选关键词页面中自动推荐出一批适合推广的关键词。目前的系统主要是通过商品信息来判断并推荐关键词的，因此为了获得更丰富的推荐关键词，首先需要尽量将商品信息填写完整，让商品信息质量更全面、更细致。

（2）搜索相关词。使用"搜索相关词"功能时，需要先输入某一关键词搜索，系统将自动根据输入的关键词列出相关关键词，并提供这些关键词的搜索热度、竞争度等信息。卖家可以根据具体推广需要选择添加。

（3）批量添加关键词。该功能可以快速添加已经整理好的关于商品的关键词，卖家只需要输入要添加的关键词，关键词之间用回车分隔，单击"添加成功"按钮以后，单击"下一步"按钮即可出价。在建立快捷推广时，批量加词功能一次性可以添加500个关键词；在建立重点推广时，批量加词一次性最多可以添加200个关键词，极大地方便了卖家把长期积累的词表或后台直接导出的词表批量添加到推广当中。

界面如图6-30所示。

图6-30 关键词选择

在选择关键词时要结合以下相关指标进行选择：

（1）推广评分。推广评分的主要影响因素包括商品信息质量、关键词与商品之间的匹配程度、买家喜好度，会随着以上因素的变更而变更。如果推广评分为优，表示有资格进入搜索结果首页右侧位置，但是否实际进入，还要取决于出价人数和卖家的出价情况。如果推广评分为良，说明推广评分较差，没有资格进入搜索第一页结果首页右侧位置，需要通过更换关键词或优化商品信息等方法，将推广评分提升为优，并设置有竞争力的价格，增加进入搜索结果首页右侧位的展示机会。如果推广评分为"—"，表示推广评分很低，无法参与正常投放，需要为这样的词添加相关的商品，或者删除这些低推广评分的词。

（2）搜索热度。搜索热度反映在过去一定时间内，关键词被海外买家搜索的次数。数值越大，搜索热度越大；反之，则越小。

（3）竞争数。竞争数指速卖通直通车客户针对某关键词参与竞价的激烈程度。数值越大，代表同行对该词的关注程度越高、竞争度越激烈。卖家可以结合关键词竞争度与自己的商品预算情况，侧重选取一些潜在商业价值较高、同行较关注的词作为关键词重点竞价。

（4）市场平均价。市场平均价是指设置该关键词的卖家中得到曝光的卖家的平均出价，反映了该词当前获取流量需要的竞争价格。

4. 选择关键词出价

可在各关键词市场平均价的基础上统一加价，最低加价幅度为1分。

关键词底价是指为获得在该关键词下的推广展示机会，需要设定的最低出价。每个关键词底价是根据每个词各自的商业价值决定的。商业价值的大小与关键词所属行业、专业程度和市场关注度等因素有关。每个关键词商业价值不同，因而各自的底价也会存在差异。另外，因不同广告区域的商业价值也不尽相同，第一页主搜推广区（中国好卖家广告专区）会比其他推广区的底价要高。

（二）推广计划的管理和优化

1. 修改推广计划名称

在"推广管理"页面中，找到想重命名的推广计划。当鼠标移至推广计划名称附近时，名称后面会显示出"改名"按钮。单击"改名"按钮后，原推广计划名变为输入框，可以重新输入一个名字，然后单击"确认"按钮即可。卖家可以使用中文两种语言为推广计划命名。

2. 添加商品

只有在"快捷推广计划"中可以直接添加商品,"重点推广计划"添加商品需要新建一个推广单元。在想添加商品的推广计划商品列表中,单击"添加商品"按钮;然后,系统显示出添加商品的页面,可以继续往这个推广计划中添加商品。此时,所有以前添加到这个推广计划内的商品或已添加到其他推广计划内的商品会全部被过滤掉,不会显示在待添加的商品列表内。

3. 添加关键词

首先,在想添加关键词的推广计划关键词列表中单击"添加关键词"按钮,可以继续往这个推广计划中添加关键词。选好关键词后,完成出价,并单击"保存"按钮完成。

4. 删除推广计划

若希望短期内暂停推广,可以将推广计划暂停,便于后期重新激活推广。推广计划一旦删除,无法恢复。在"推广管理"页面,选中希望删除的计划,单击右侧"删除推广计划"按钮,删除后,计划中的产品依然存在于店铺内,只是不参与直通车推广。

5. 推广计划的优化

速卖通直通车的推广效果(点击)主要体现在两方面:曝光和点击率。所以在做推广效果优化时,需要分别对曝光及点击率进行优化。

(1)增加曝光。

① 可以选择推广评分高的关键词进行出价。

② 还可以提升所选关键词与推广商品的相关性,同时优化推广商品的信息质量。关键词与商品的相关性主要有:关键词与商品名称中的描述相关程度、关键词与商品类目及属性的匹配程度、关键词与商品描述的相关程度。

商品的信息质量主要包括:商品信息的完整度,如属性需要填写完整;商品信息填写质量,简要描述和详细描述能够清晰描述产品的主要特征,能够对于重要产品信息进行着重介绍,尽量用分段且标号的写法。值得注意的是,严禁避免罗列和堆砌,如简要描述单纯地从详细描述里直接拷贝,这将严重降低相关性;详细描述不能单纯使用图片来代替文字进行描述。

③ 及时调整出价。由于速卖通直通车是一个随时可以修改出价的产品,并且有很多卖家同时参与使用这项服务,因此可能由于新用户的加入或其他用户修改了出价,导致排名发生变化。

④ 设置符合自身推广需求的"每日消耗上限"。如果当天的消耗已经达到了设

定的每日消耗上限，卖家所有的推广商品将会下线。可以根据希望获得的效果设定符合自身推广需求的消耗上限，这样可以保证推广商品能持续在线，避免因为预算超出突然下线而白白损失掉曝光机会。

（2）提高点击率。

① 提高所选关键词与商品的匹配程度，主要包括商品图片及商品标题与关键词的匹配程度等。

② 提高商品图片及标题的吸引程度。

③ 提高买家搜索的认可程度，主要包括商品详细描述及后续服务。

（三）推广计划的效果

卖家可以在"数据报告"中获得"账户报告""商品报告"和"关键词报告"。其中，有以下一些共同的指标：

（1）曝光量指在所选择的时间区间段（如最近 7 天），通过速卖通直通车的推广，商品在被海外买家（不包括中国买家）搜索时获得的展现次数。

（2）点击量指在所选择的时间区间段（如最近 7 天），通过速卖通直通车的推广，商品在被海外买家（不包括中国买家）搜索时获得的买家进一步点击查看的次数。

（3）点击率（点击率=点击量/曝光量）。如果点击率较高，说明买家对推广商品更感兴趣、愿意通过点击进一步查看了解商品详情。点击率是反映商品是否满足买家的采购需求、是否令买家感兴趣的重要指标。

（4）平均点击花费指在一段时间内，为速卖通直通车推广带来的点击所支付的平均点击扣费金额，代表了引入一个潜在买家的平均成本。计算公式为：平均点击花费＝总花费金额/总点击量。

账户报告是针对速卖通直通车账户的整体营销状况提供的效果统计分析报告。账户报告是按天统计的，每一天的账户效果还可以展开，即按照推广计划的维度查看每天的数据。账户报告分为图形和报表两部分内容，反映曝光量、点击量、花费等多项数据指标，可由卖家自定义类型、时间段、指标进行查看，同时支持报告下载。

商品报告是对商品营销效果进行数据统计和分析的报告类型。可以通过商品报告，了解所有商品或某个推广计划中效果最好、最受买家关注的是哪些商品；还能够对单个商品在一段时期内的表现做数据趋势分析。

当选择查询所有商品或查询某个推广计划内的商品时，系统会将多个商品的效果放在一起进行比较，并从高到低排列出前 10 名的商品。

如图 6-31 所示，比较商品间的曝光量、点击量和花费。前 10 名的商品名称都会显示在报告上方的饼图中，而排在 10 名以外的商品将被加总显示为"other"。图中同时显示出这 11 项各自的曝光、点击或花费占比。此时可以清楚地看到哪些商品获得了最多的曝光和点击、花费了最多的营销预算。卖家需要判断这个结果是否符合预期，然后再依据该数据对某些商品加大或减小投放力度。

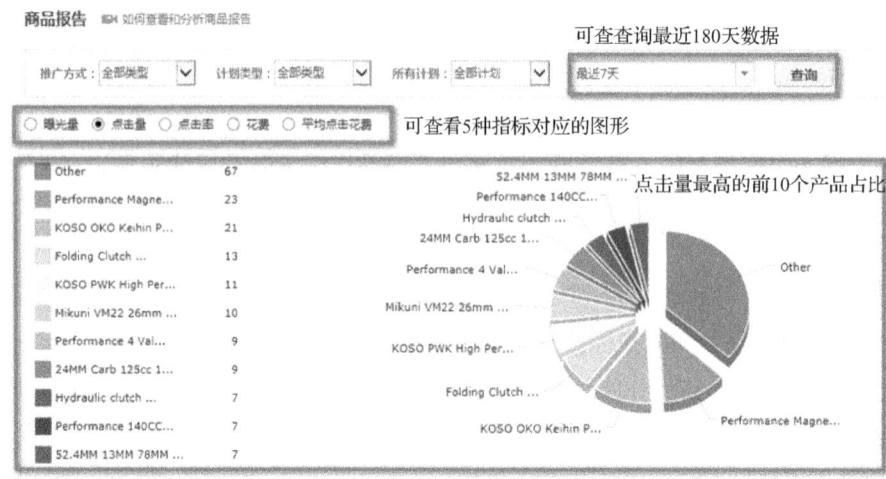

图 6-31　比较商品间的曝光量、点击量和花费

如图 6-32 所示，比较商品间的点击率和平均点击花费。前 10 名的商品名称都会显示在报告上方的饼图中，而排在 10 名以外的商品将被计算出平均值显示为"other"。图中同时显示出这 11 项各自的点击率或平均点击花费排名。此时可以清楚地看到哪些商品的点击率最高或哪些商品的平均点击成本最高。卖家需要判断这个结果是否符合预期，然后再依据该数据对某些商品的选词、商品信息质量和出价进行调整。

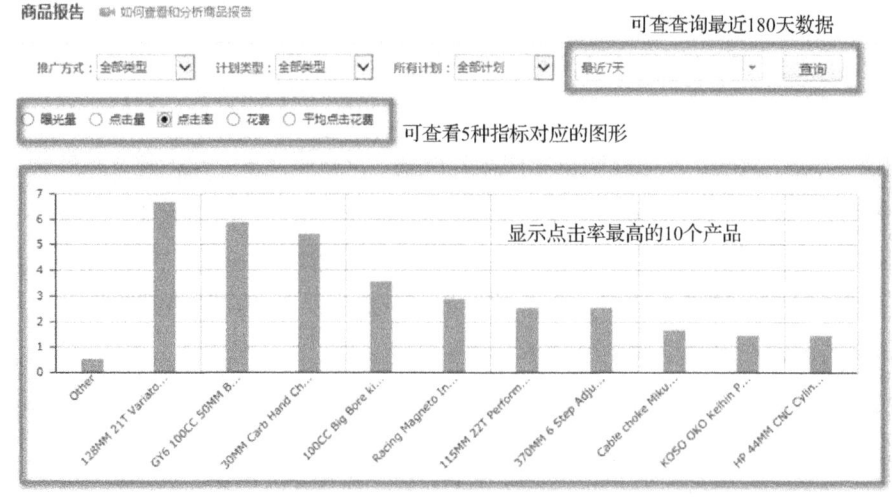

图 6-32　比较商品间的点击率和平均点击花费

(四)活动中心和账户中心

1. 活动中心

这里主要是一些速卖通直通车活动,如优良卖家特权、成长等级充值特权等,可以充值金额返利等。

2. 账户中心

在"账户中心"里,可以进行"账户设置"和"账户查询",如图 6-33 所示。"账户设置"中,"账户余额"指现金账户与红包账户的实时总余额。如遇账户余额不足,点击推广服务的使用将自动终止。可以单击"充值"按钮,选择充值金额,支持支付宝、网银、信用卡、账户余额付款。

图 6-33 账户中心

"设置账户每日消耗上限"可以有效控制推广花费,也就是说,每天的推广花费不会超过这个设定值。如果花费达到该限额,所有推广信息会暂时下线,第二天会自动上线继续投放,设置额度不能小于 30 元,可以单击"修改"按钮进行修改。

"账户余额提醒"指当账户余额少于设定的金额时,系统会通过邮件或短信提醒卖家及时充值。单击"修改"按钮,开通余额提醒,然后填入当账户总余额小于多少时,希望接到提醒,再填写接收的手机号码和邮箱,单击下方的"确认修改"按钮即可完成。

"邀请好友获奖金"是通过发送邀请链接来邀请其他卖家直通车开户,从而获得开户奖励。奖励以红包形式,次月 3 号前发送至卖家账户。

在"账户查询"中,也可以查看"账户余额"和"充值",还可以"申请发票",同时可以查看"账户历史明细"和"导出数据"。

牛刀小试

❖思考题

1．什么是速卖通直通车？
2．在选择关键词时要结合哪些指标进行选择？

❖操作题

1．设置速卖通直通车，创建重点推广计划。
2．在速卖通直通车中创建快捷推广计划。
3．对创建的推广计划进行管理和优化操作。
4．查看速卖通直通车的数据报告和账户信息。

项目七

管理跨境电商的交易

学习目标
- 了解交易规则,学会订单管理。
- 了解评价规则,学会处理中差评问题。
- 学会店铺经营和流量分析。

任务一　管理交易

 任务描述

任何一个店铺的运营，其最终目的是为了销售盈利。小林在之前课程中已经学习了推广，而推广的目的就是为了更好地进行销售，达成更多的交易，但在交易过程中也会遇到很多问题，因此小林首先要学习的是如何进行交易的管理。

 知识准备

一、交易规则

全球速卖通为了规范交易过程中卖家的行为，制定了一系列的交易规则，主要包括以下 11 种规则。

（一）"虚假发货"规则

1. 虚假发货的定义

虚假发货指在规定的发货期内，卖家填写的货运单号无效或虽然有效但与订单交易明显无关，误导买家或全球速卖通平台的行为。例如，为了规避成交不卖处罚填写无效货运单号或明显与订单交易无关的货运单号等。卖家申明发货（完成"填写发货通知"）5 个工作日后运单无物流上网信息。

其中，"货运单号无效"指货运单号本身不存在（包括使用小包未挂号导致无法追踪物流信息的情况）。

"虽然有效但与订单交易明显无关"指货运单号虽然存在，但与订单下单时间不符（如物流的收件时间明显早于订单下单时间），或者邮寄的地址明显与买家提供的地址不同（如邮寄地址与收件人地址不在一个国家）。

"物流上网信息"指以物流商提供的首条信息为准，线上发货一般是仓库揽收/签收成功；线下发货一般为收寄成功信息或物流商揽收成功信息。

2. 虚假发货的分类

虚假发货行为根据严重程度，分为虚假发货一般违规和虚假发货严重违规。虚假发货严重违规行为包括但不限于以下情形：

（1）虚假发货订单金额较大。

（2）买卖双方恶意串通，在没有真实订单交易的情况下，通过虚假发货的违规行为误导全球速卖通平台放款。

（3）多次发生虚假发货一般违规行为。

3. 虚假发货的处罚

若店铺发生虚假发货一般违规，每次扣 2 分；虚假发货严重违规，每次扣 12 分；虚假发货特别严重违规，每次扣 48 分，如表 7-1 所示。

表 7-1　虚假发货处罚措施

违 规 情 形	处 罚 措 施
虚假发货一般违规	2 分/次
虚假发货严重违规	12 分/次
虚假发货特别严重违规	48 分/次
说明：全球速卖通平台将根据专家违规行为情节严重程度进行扣分或直接关闭账号的判定。被平台认定为虚假发货的，不论是虚假发货一般违规、严重违规或特别严重，平台将立即关闭该笔订单，并将订单款项退还买家，由此导致的责任由卖家承担	

（二）"信用及销量炒作"规则

1. 信用及销量炒作的定义

信用及销量炒作指通过不正当方式提高或试图提高账户信用积分或商品销量，妨害买家高效购物权益的行为。

2. 信用及销量炒作的处罚

（1）对于被平台认定为构成信用及销量炒作行为的卖家，平台将删除其违规信用积分及销量记录且搜索排序靠后处罚，对信用及销量炒作行为涉及的订单进行退款操作，并根据其违规行为的严重程度，分别给予 6 分/次、12 分/次、24 分/次、48 分/次或直接清退的处罚。

（2）对于第二次被平台认定为构成信用及销量炒作行为的卖家，不论行为的严重程度如何，平台一律作清退处理。平台将定期向社会公布"炒信"商家的清退罚单，对通过"炒信"提升虚假信誉用于售假、售劣的商家，不惜一切代价严厉打击并追究其法律责任，让卖家引以为戒，诚信经营。

（三）"诱导提前收货"规则

1. 诱导提前收货的定义

诱导提前收货是指卖家诱导买家在未收到货的情况下提前确认收货。

2. 诱导提前收货的处罚

对于诱导提前收货的行为，平台将根据违规行为的严重程度执行扣分处罚。一般违规：2分/次；严重违规：12分/次；特别严重违规：48分/次（并保留清退的权利）。（清退指关闭账户的同时对卖家其余订单进行审核处理。）

（四）"严重货不对版"规则

1. 严重货不对版的定义

货不对版行为指买家收到的商品与达成交易时卖家对商品的描述或承诺在类别、参数、材质、规格等方面不相符。

严重行为包括但不限于以下：

（1）寄送空包裹给买家。

（2）订单产品为电子存储类设备，产品容量与产品描述或承诺严重不符。

（3）订单产品为计算机类产品硬件，产品配置与产品描述或承诺严重不符。

（4）订单产品和寄送产品非同类商品且价值相差巨大。

全球速卖通平台将根据卖家以上违规行为情节严重程度进行"直接扣48分关闭账号"的判定。

2. 货不对版的处罚（见表7-2）

表7-2 货不对版处罚措施

违规行为	处罚措施
严重货不对版一般违规	2分/次
严重货不对版严重违规	12分/次
严重货不对版情节特别严重	48分/次

（五）"恶意骚扰"规则

1. 恶意骚扰的定义

恶意骚扰指卖家频繁或采取恶劣手段骚扰会员，影响他人正常生活或妨害他人合法权益的行为。如要求买家给好评或因纠纷等原因谩骂买家；包括但不限于通过电话、短信、阿里旺旺、留言、邮件等方式频繁联系他人，影响他人正常生活的行为。

恶意骚扰严重行为包括但不限于以下：

文字中出现谩骂词汇（如 fuck、suck 之类）、威胁、诅咒、种族歧视性言语、宗教或人身攻击等，或者多次骚扰，影响他人身心及正常生活。

恶意骚扰特别严重行为包括但不限于以下：

（1）骚扰的范围大，影响面广，对平台安全、声誉造成或可能造成严重影响的行为。

（2）采取极端手段或工具骚扰用户，严重影响他人正常生活，给他人身心造成极大伤害,包括但不限于向会员邮寄让人产生反感或侮辱性/威胁性物品的、将买家的私人电话、地址、姓名、购买记录等信息发布到网上等。

2. 恶意骚扰的处罚(见表 7-3)

表 7-3 恶意骚扰处罚措施

违 规 情 况	处 罚 措 施
一般违规	2 分/次
严重违规	12 分/次
特别严重	48 分/次

(六)"不法获利"规则

1. 不法获利的定义

不法获利是指卖家违反全球速卖通规则,涉嫌侵犯他人财产权或其他合法权益的行为。其包括但不限于以下情形:

(1)卖家通过发布或提供大量虚假的或与承诺严重不符的商品、服务或物流信息骗取交易款项的。

(2)交易中诱导交易对方违背全球速卖通正常交易流程操作并获得不正当利益的。

(3)发送钓鱼链接或木马病毒信息用于骗取他人财物的。

(4)利用非法手段骗取平台 coupon、保证金、平台赔付基金等款项的。

(5)假借全球速卖通及其关联公司工作人员或全球速卖通店铺客服名义行骗的。

(6)通过第三方账户实施诈骗行为骗取他人财物的。

(7)卖家违反全球速卖通规则,通过其他方式非法获利的。

2. 不法获利的处罚

对于不法获利的行为,平台一律给予直接扣除 48 分或直接关闭账户的处理。

(七)"严重扰乱平台秩序"的规则

1. 严重扰乱平台秩序的定义

严重扰乱平台秩序指干扰平台管理,严重扰乱平台秩序,损害其他用户或平台的合法权益的行为。其包括但不限于以下情形:

(1)恶意规避平台规则或监管措施的行为。

(2)通过恶意违规等方式干扰其他用户正常交易的行为。

(3)对买家购物过程带来了严重的不良体验,对全球速卖通平台的商业环境造成了恶劣影响的行为。

(4)其他严重扰乱平台秩序的行为。

2. 严重扰乱平台秩序的处罚

对于严重扰乱平台秩序的行为,平台根据情节严重程度:一般:2 分/次;严重:12 分/次;特别严重:48 分/次或直接关闭账号。

(八)"不正当竞争"的规则

1. 不正当竞争的定义

不正当竞争指用户发生以下行为:

(1)不当使用他人权利:

① 卖家在所发布的商品信息或所使用的店铺名、域名等中不当使用他人的商标权、著作权等权利的;

② 卖家所发布的商品信息或所使用的其他信息造成消费者误认、混淆;

(2)卖家通过自身或利用其他会员账户对其他卖家进行恶意下单、恶意评价、恶意投诉的行为,影响其他卖家声誉与正常经营。

恶意下单:卖家利用海外会员账户对其他卖家进行下单,对其他卖家正常经营造成影响的行为,如拍库存不付款。

恶意评价:卖家利用海外会员账户对其他卖家进行下单,恶意给出差评或评价内容与事实不符的行为。

恶意投诉:卖家通过自身或利用其他会员账户对其他卖家进行投诉,且投诉内容无相应依据的行为。

2. 不正当竞争的处罚

根据不正当竞争的严重程度,分为不正当竞争一般违规和不正当竞争严重违规。不正当竞争严重违规行为包括但不限于以下情形:

(1)对其他卖家的正常经营造成恶劣影响。

(2)使买家造成严重误认、混淆,严重影响购物体验。

(3)卖家在平台调查过程中做虚假陈述或提供虚假证明资料。

(4)卖家不接受平台提醒或整改要求,仍明知故犯。

不正当竞争的处罚措施如表 7-4 所示。

表 7-4 不正当竞争的处罚

违 规 情 况	处 罚 措 施
不正当竞争一般违规	1 分/次
不正当竞争严重违规	3 分/次
不正当竞争情节特别严重	48 分/次

(九)"违背承诺"规则

1. 违背承诺的定义

违背承诺指卖家未按照以下承诺向买家提供服务，损害买家正当权益的行为：

（1）交易及售后相关服务承诺，包括但不限于：

① 卖家拒绝按照买家拍下的价格进行交易（交易双方线下另有约定的除外），或者卖家承诺对商品价格给予优惠，但实际未履行。

② 卖家承诺给予买家赠品或发票等交易商品之外的物品，但实际未赠予或给付。

③ 卖家承诺给予买家退换货、包维修等售后服务，但实际未履行。

（2）物流相关承诺，包括但不限于：

① 卖家在商品标题或内容中承诺免运费，但买家实际下单时发现有运费。

② 卖家在交易订立过程中自行承诺或与买家约定了特定的运送方式、运送物流、快递公司等，但实际未按照相关承诺或约定履行。

③ 卖家承诺承担退货运费，但实际未履行。

（3）违背平台既定规则或要求，包括但不限于：

① 平台要求买卖双方的交易行为必须在线进行，但卖家以各种方式引导买家不通过全球速卖通平台进行支付和交易。

② 卖家参加全球速卖通官方活动，但未按照活动要求（除发货时间外）提供服务。

（4）卖家违背其自行做出的其他承诺。

2. 违背承诺的处罚

违背承诺根据严重程度，分为违背承诺一般违规和违背承诺严重违规。违背承诺严重违规行为包括但不限于以下情形：

（1）对买家购物体验造成严重影响。

（2）卖家在平台调查过程中做虚假陈述或提供虚假证明资料。

（3）卖家不接受平台提醒或整改要求，仍明知故犯。

具体处罚措施如表7-5所示。

表7-5 违背承诺处罚

违 规 情 况	处 罚 措 施
违背承诺一般违规	1分/次
违背承诺严重违规	3分/次
违背承诺情节特别严重	48分/次

(十)"引导线下交易"规则

1. 引导线下交易的定义

引导线下交易指卖家诱导买家进行线下交易的行为,损害买家和平台的正当利益。

2. 引导线下交易的处罚(见表7-6)

表7-6 引导线下交易的处罚

违规情况	处罚措施
引导线下交易一般违规	2分/次
引导线下交易严重违规	12分/次
引导线下交易情节特别严重	48分/次

(十一)"店铺严重恶意超低价"规则

1. 店铺严重恶意超低价的定义

店铺严重恶意超低价指卖家发布大量以较大偏离正常销售价格的低价商品,在默认和价格排序时吸引买家注意,骗取曝光和订单,店铺内大量商品存在低价发布行为,造成恶劣影响。

特别严重行为包括但不限于以下:

店铺内商品存在低价发布行为量大,影响面广,对平台安全、声誉造成或可能造成严重恶劣影响的行为。

2. 店铺严重恶意超低价的处罚(见表7-7)

表7-7 严重恶意超低价处罚

违规情况	处罚措施
严重恶意超低价一般违规	2分/次
严重恶意超低价严重违规	12分/次
严重恶意超低价情节特别严重	48分/次

上述11种交易违规处罚措施汇总如表7-8所示。

表7-8 交易违规处罚措施汇总表

违规行为类型	处罚方式
虚假发货	虚假发货一般违规:2分/次 虚假发货严重违规:12分/次 (说明:全球速卖通平台将根据卖家违规行为情节特别严重的进行扣除48分的判定。同时,被平台认定为虚假发货的,不论是虚假发货一般违规或严重违规,平台将立即关闭该笔订单,并将订单款项退还买家,由此导致的责任由卖家承担)

续表

违规行为类型	处 罚 方 式
信用及销量炒作	1. 对于被平台认定为构成信用及销量炒作行为的卖家,平台将删除其违规信用积分及销量记录,对信用及销量炒作行为涉及的订单进行退款操作,并根据其违规行为的严重程度,分别给予:一般:6分/次;中等:12分/次;严重:24分/次;特别严重:48分/次。 2. 对于第二次被平台认定为构成信用及销量炒作行为的卖家,不论行为的严重程度如何,平台一律作清退处理
诱导提前收货	一般违规:2分/次;严重违规:12分/次,性质特别严重的,给予账户直接扣48分或清退
严重货不对版	1. 被判定特别严重货不对版,直接扣除48分或直接关闭账户。 2. 货不对版,一般:2分/次;严重:12分/次。 (说明:全球速卖通平台将根据卖家违规行为情节严重程度进行直接扣除48分或关闭账户的判定)
恶意骚扰	一般:2分/次;严重:12分/次;情节特别严重:48分/次
不法获利	48分/次或直接清退
严重扰乱平台秩序	一般:2分/次;严重:12分/次;情节特别严重:48分/次
不正当竞争	不正当竞争一般违规:1分/次,限期整改; 不正当竞争严重违规:3分/次;情节特别严重:48分/次
违背承诺	违背承诺一般违规:1分/次,对应商品下架处理; 违背承诺严重违规:3分/次;情节特别严重的,48分/次
严重店铺超低价	一般违规:2分/次;严重违规:12分/次,性质特别严重的,给予账户直接扣48分或清退
引导线下交易	一般违规:2分/次;严重违规:12分/次,性质特别严重的,给予账户直接扣48分或清退

二、订单管理

订单是每个全球速卖通卖家都非常关注的事情。店铺装修转化率如何、详情装修转化率、营销推广是否给力,实际上和订单的多少有直接的反映,但是如果订单工作没有做好,很有可能影响店铺的整体好评率、店铺等级,最终影响店铺的发展,所以一定要重视订单的管理。

(一)管理订单概况

订单的管理主要在"交易"——"管理订单"中,如图7-1所示。在管理界面顶部"我的订单"下,是当前订单的基本情况,分成三组:特别关注、等待你操作的订单和等待买家操作的订单。

1. 特别关注

今日新订单——单击后将出现今日新生成订单,包括今日的"已经付款订单"和"未付款订单"。

图 7-1 订单管理页面

2. 等待卖家操作的订单

(1)等待您发货——已经通过风险审核并且资金已经到账的订单,需要你发货后"填写发货通知"或是"线上发货"的订单。

(2)买家申请取消的订单——买家付款后由于各种原因取消的订单。

(3)有纠纷的订单——由于某些原因,买家提起异议或向全球速卖通提起仲裁的订单。

(4)未读留言——买家下订单后和卖家进行沟通的信息,如催促发货、询问货物流向等。

(5)等待您留评——买家确认收货,交易结束后,双方可互相留评价,等待卖家留置评价的订单。

(6)等待放款的订单——买家未在规定时间内确认是否收到货物。阿里会对卖家提供的货运信息进行核实,并根据核实结果进行放款操作。还有一种情况是等待银行清算处理。

3. 等待买家操作的订单

(1)等待买家付款——买家虽然下了订单,但是还未将款项打入全球速卖通平台。

(2)等待确认收货订单——卖家填写发货通知后,买家确认收到货之前的订单。

(二)订单处理

全球速卖通,俗称"国际版的淘宝",买家通常经过选择后进行下单,卖家与买家确认信息无误后发货,买家在一个月时间内可收到产品并进行评价和确认,其中的交易流程如图7-2所示。

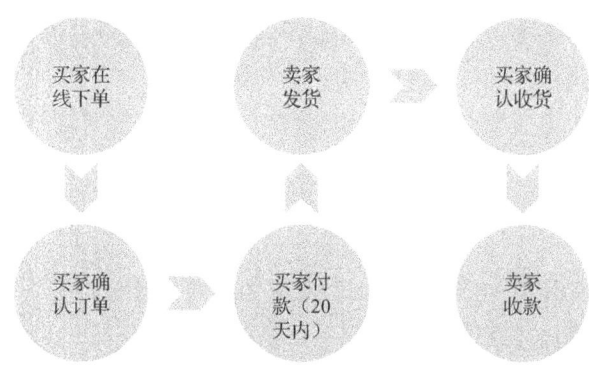

图 7-2　交易流程

订单的处理流程与买家的购物流程是相辅相成的，一般情况下，卖家对订单的处理步骤为：生成订单——审单催付——二次营销——打包发货——交易确认——评价，如图7-3所示。

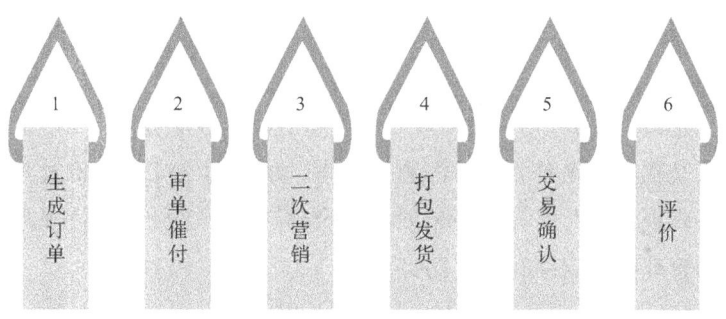

图 7-3　订单处理流程

生成订单：买家付款之后，在店铺后台就会生成订单。

审单催付：生成订单之后，客服人员需要对订单进行确认审核，审核买家所购买的货物是什么、是否有货，如果缺货那么要与客户沟通解决。如有货则还要确定买家的联系方式、地址等信息。那么对于未付款的买家，还要进行催付。

二次营销：对于一些静默下单的买家，在备货期内可以进行二次营销。二次营销也是提高交易量的一种很好的方式。例如，卖家可以在2~3天的备货期内推荐一些配套产品，也可以告知客户店铺内的活动、满200美元可以包邮等营销方式。对于询盘下单的客户，客服人员就可以做关联推荐来达到二次营销的目的。

打包发货：订单确认无误后，按照公司的流程，以及所选择的物流方式打印对应的单据，然后可以拣货配货进行打包货物，最后会进行校验出库，检查订单、单据、货品各方面是否出错，接着就可以将货物交给物流公司进行发货了。

交易确认：等买家收到货物确认之后，就可以进行交易确认了。

评价：交易确认后就可以对买家做出评价了，评价中可以进行二次营销，"如优惠券已经发放到您的账户中，欢迎下次光临"等。

牛刀小试

❖思考题

1．交易规则有几种？分别是什么？对应的处罚是什么？

2．为什么要进行订单管理？

3．订单处理的流程分为哪几个步骤？

❖操作题

对自己店铺的订单进行管理。

任务二　管理评价

任务描述

交易评价是买家决定是否下单的重要参考，所以对于交易评价及其评价规则，卖家需要足够重视，因此小林接下来要学习全球速卖通平台的评价规则，以便更好地进行评价的管理，让店铺有更好的评价。

知识准备

全球速卖通平台的评价分为信用评价及卖家分项评分两类，如图7-4所示。

图7-4　信用评价与分项评分

信用评价是指交易的买卖双方在订单交易结束后对对方信用状况的评价；信用评价包括五分制评分和评论两部分。

卖家分项评分是指买家在订单交易结束后以匿名的方式对卖家在交易中提供的商品描述的准确性（Item as described）、沟通质量及回应速度（Communication）、物品运送时间合理性（Shipping speed）三方面服务做出的评价，是买家对卖家的单向评分。

信用评价买卖双方均可以进行互评，但卖家分项评分只能由买家对卖家做出。

一、评价规则

（一）评价时间规则

卖家发货的订单在交易结束后 30 天内，买卖双方都可以对该项交易进行评价；而超过这个时间，就无法进行评价。

若出现下列情形，则不能进行评价：一是买家选择 T/T（电汇）付款，但最终订单没有得到卖家的确认；二是资金审核时平台自动关闭或人工关闭的订单；三是卖家发货超时、买家申请取消并且得到卖家同意的订单，以及卖家申请退款结案等交易结束前已经全额退款的订单。

卖家查看交易评价的方法是：登录"我的速卖通"——"交易"——"交易评价"——"管理交易评价"页面，单击"已生效的评价"按钮，如图 7-5 所示。

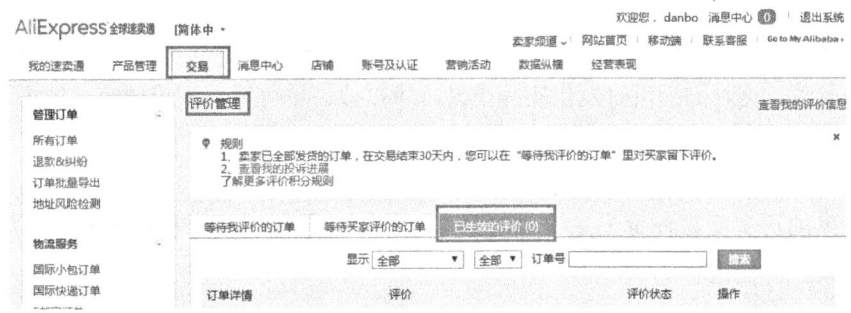

图 7-5 管理交易评价页面

除此之外，卖家也可以在自己店铺商品页面下方查看历史成交记录时，同时看买家做出的交易评价。需要注意的是，生效的评价信息一般会在 24 小时内出现在自己的店铺中。

（二）评价计分规则

评价计分不论订单金额，都统一为：好评+1，中评 0，差评-1。同时，须符合以下两条规定：一是相同买家在同一个自然旬内对同一个卖家只能评价一次；二是相同买家在同一个自然旬内对同一个卖家做出多个评价，按照评价类型（好评、中评、差评）分别汇总计算，即好、中、差评数都只各计一次（包括一个订单里有多个产品的情况）。评分计算方法（计算结果四舍五入）如下：

平均星级=所有评价的星级总分/评价数量

在跨境电商的交易过程中，防止有些卖家进行信用炒作，全球速卖通对以下两种情况做出了不论买家留差评或好评，仅展示留评内容，都不计算好评率及评价积分的规定。

（1）成交金额低于5美元的订单（成交金额明确为买家支付金额减去售中的退款金额，不包括售后退款情况）。

（2）运费补差价、赠品、定金、结账专用链、预售品等特殊商品（以下简称"黑五类"）的评价。

同理，全球速卖通还限定了每个自然旬只能评价一次的规定，同样是为了防止部分卖家进行信用炒作。

（三）计分显示规则

买卖双方如果在规定期限内完成了互相评价，该评价便会即时公开、生效、计分；但是如果双方都未给出评价，则该订单不会有任何评价记录；如一方在评价期间内做出评价，另一方在评价期间内未评的，则系统不会给评价方默认评价（卖家分项评分也无默认评价）。

如果买家提起未收到货纠纷或纠纷中包含退货情况，且买家在纠纷上升到仲裁前未主动取消，这时因为没有发生实际交易，所以该订单可以有评价内容，但不计分。

（四）评价档案指标

卖家的历史交易评价记录构成的交易评价档案包括近期评价摘要、评价历史和评价记录三方面内容。

其中，近期评价包括会员公司名、近6个月好评率、近6个月评价数量、信用度和会员起始日期；评价历史指的是过去1个月、3个月、6个月、12个月及历史累计的时间跨度内的好评率、中评率、差评率、评价数量和平均星级等指标；评价记录包括会员得到的所有评价记录、给出的所有评价记录及在指定时间段内的指定评价记录。

好评率=6个月内好评数量/（6个月内好评数量+6个月内差评数量）

差评率=6个月内差评数量/（6个月内好评数量+6个月内差评数量）

（五）店铺信用等级标志

卖家所得到的信用评价积分决定了卖家店铺的信用等级标志，具体标志及对应的积分如表 7-9 所示。

表 7-9 店铺信用等级

等级	卖家	买家	积分
L1.1			3~9
L1.2			10~29
L1.3			30~99
L1.4			100~199
L1.5			200~499
L2.1			500~999
L2.2			1000~1999
L2.3			2000~4999
L2.4			5000~9999
L2.5			10 000~19 999
L3.1			20 000~49 999
L3.2			50 000~99 999
L3.3			100 000~199 999
L3.4			200 000~399 999
L3.5			400 000 分以上

（六）信用评价修改和申斥

对于信用评价，买卖双方可以针对自己收到的差评进行回复解释。

如果买家或卖家对评价有异议，则可首选联系对方让对方帮助修改评价。修改评价有效期为 30 天，仅可将自己给出的中差评修改为好评。

全球速卖通有权删除评价内容中包括人身攻击或其他不适当的言论的评价。

好评不可以改成中评或差评，差评也不可以改为中评。中评或差评在评价生效后的 30 天内可以有一次机会改成好评，修改后立即生效，同时评价解释将被清空。

二、中差评问题处理

卖家的交易量越大，获得的交易评价就越多。在这之中，如果有 70%的买家给予评价，卖家就能获得更多的信用积分，并能提升店铺的信誉等级。

（一）中差评的原因

卖家获得中差评的原因大体上有以下几类。

1. 商品差异

商品差异即有些卖家为了渲染效果，在图片处理时会或多或少添加一些商品本身所没有的"附加物"。结果买家在收到货后发现实物与图片的颜色、大小、形状有差异。这时就容易留下中差评。

当然也有一些确实是质量问题，或者是运输过程出现问题了，也或者是由于买家拆卸、使用不当而出现问题。

2. 标题上写着免邮，实际上买家却要付款

有些卖家标题上会写着"Free Shipping"来吸引买家下单，可是他们往往忽略了一点，即一些国家会产生关税；买家如果不支付这笔关税，就拿不到货物。这样就会让买家产生疑虑。

3. 信用卡账户额外扣款显示

全球速卖通针对买家的支付是不收取费用的，但各家银行对付款手续费的规定则有可能不同。例如，T/T 电汇就需要收取一定的手续费，有时候买家并不清楚这一点，就会给中差评。

4. 物流方面的原因

首先，物流速度是造成客户满意度下降的重要因素。其次，因为国际物流长途运输造成包装破损，或者是更严重的造成产品损坏。

（二）处理中差评问题

中差评的处理方法主要做到以下两点：一是抓预防，二是抓有的放矢治理。

针对以上几点中差评发生的原因，做出以下几点处理。

1. 针对商品差异

卖家要尽量上传一些稍作修饰的商品图，或者在上传商品图时多角度展示一些细节图，让买家看得清楚些。

当买家收到货物后，在第一时间询问或质问商品颜色和形状差异时，卖家要主动进行解释；如果解释的合理，是有可能争取买家谅解和信任的。

例如，你可以承诺给他返现一定金额作为补偿，也可以承诺他下次购买时给予优惠或赠送其他礼品等。因为买家是可以在收到货物 30 天内给你做出评价的，这时他还没有进行评价，此时他有权对订单提起纠纷退款。

如果确实存在质量问题，最简单的办法是询问对方怎样处理才能消除中差评，

然后看对方提出的条件是否可以接受。

2. 针对免邮付费疑虑

卖家在发商业快递时，要注意填报的申报价值，看在运费之外是否还有关税产生。如果自己也不清楚，要预先和买家沟通好，以免买家在支付关税时责怪卖家，以及少数买家因为不愿意支付关税而拒收货物。

3. 针对信用卡账户额外扣款显示

卖家要给买家解释清楚，此额外收费是其他部门如银行收取的。如果买家最终选择采用T/T付款方式，卖家可以提醒一下对方可能会产生手续费，以避免发生纠纷。

4. 针对物流问题

首先，在发布产品的时候注明各个国家各种运输方式大致到达的时间，让卖家有清楚的认识。

其次，发货后要及时告知客人跟踪信息及预计到达时间。

做到以上两点，当物流有小的延迟时，客人也会表示理解。

最后，及时沟通，主动沟通。成交客人站内信和留言的回复要及时，每个周六做个总结，抽出几个小时的时间去跟进一下发出去的货物，有异常的记录应及时告知客人，这样也能避免纠纷。

 牛刀小试

❖思考题

1．评价分为哪两类？
2．中差评产生的原因一般有哪些？
3．为什么要处理中差评？如遇到商品质量问题，如何进行处理？

❖操作题

对店铺中差评问题进行处理。

任务三　分析经营状况

任务描述

数据分析是拨开迷雾看清本质，从而找到操作方法的过程。如果只凭一腔热情和几句口号，则分析出的结果往往南辕北辙。数据分析给不同的卖家也带来不同的内容，而小林作为一个新手卖家，要学习的重要内容就是店铺经营分析和流量分析。

知识准备

一、店铺经营分析

（一）店铺交易概况

店铺交易概况中有买家数、下单数、支付成功订单数、支付成功订单金额、客单价等数据，如图 7-6 所示。其中，最应该关注的数据是支付成功订单数，如果支付成功的订单比例在下降，此时就需要客服人员加强催单的工作。

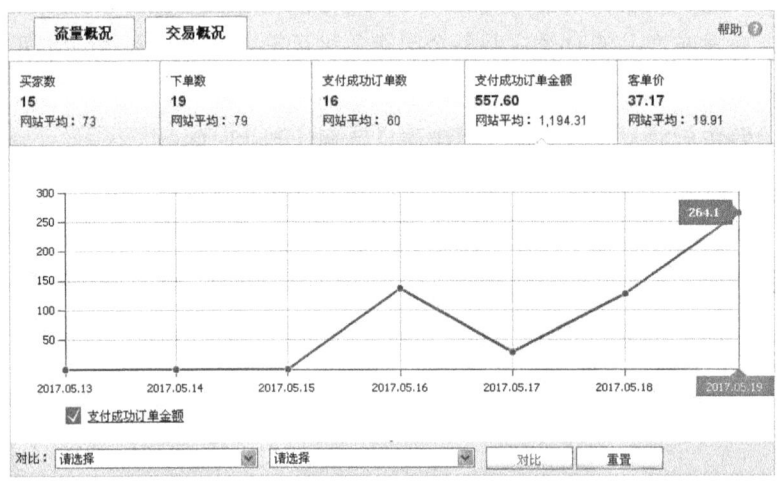

图 7-6　店铺交易情况

而看一家店铺客户关系管理做得好不好，最简单的办法就是看回头客成交比例高不高。回头客是指在 30 天以前且在 30 天以内有过成功交易的买家。

退款率虽然不是平台考核的数据，却是所有卖家都关心的问题，也是监控客服工作的关键指标之一。

（二）店铺装修效果分析

在项目五中也曾提到店铺装修的好坏，可以直接影响店铺的转化率情况。一般会从店铺的流量、访问深度、访问时长及跳失率的变化去分析装修的效果，如图 7-7 所示。

装修效果分析指标说明如下：

（1）访问数。访问数指全店各页面的访问人数。同一天同一访客多次访问会进行去重计算，多日合计不计算。

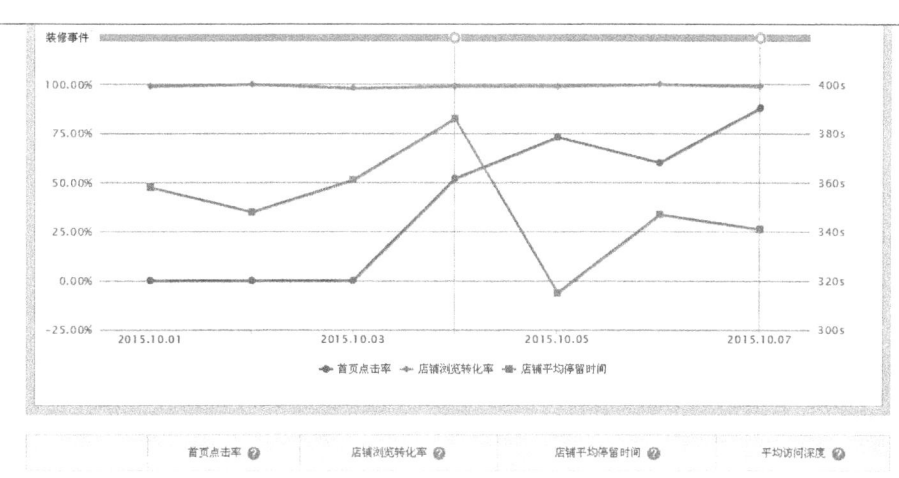

图 7-7 装修效果分析图

（2）平均访问深度。访问深度指用户在一次访问内访问店铺内页面的次数，平均访问深度即指所有用户每次访问时访问深度的平均值。

（3）平均访问时间。访问时间指用户在一次访问内访问店铺页面的时长，平均访问时间即所有用户每次访问时访问时长的平均值。

（4）首页跳失率。首页跳失率=跳失人次/登录首页的访问人次。首页跳失率指用户访问首页后，有多少比例的用户直接跳出了店铺。分母是该首页的用户数，分子是访问过该首页的用户直接跳出店铺的次数。

（5）商铺跳失率。分母是访问店铺的所有用户数，分子是在店铺中只访问一个页面就离开的用户数。

（6）购买率。购买率指在访问该页面的用户中当天下单的用户数占该页面的总访客数的比例。

（7）装修事件。装修事件指当日发生的装修事件总数。

二、流量分析

（一）流量概况分析

对自己店铺概况的查询是每一位卖家的必修课，特别是查询流量和转化数据，及时应对市场的变化，才能做到立于不败之地。

查询流量的方法如下："数据纵横"——"流量分析"——"流量概况"，在这里可以了解店铺产品的曝光量、商品页浏览量、商品页访客数、平台活跃访客数、询盘人数等数据（见图 7-8），还可以了解国家流量分布情况（见图 7-9）。根据所得数据，卖家可以做出相应调整。例如，数据显示在俄罗斯客户浏览量占据 50%以上，那么卖家可以针对俄罗斯顾客做一些促销活动来提升转化率。

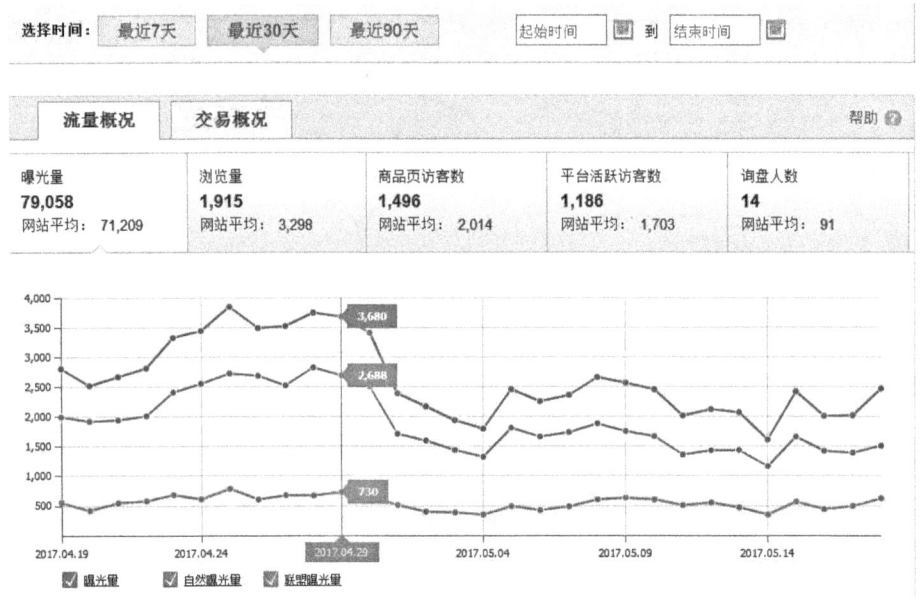

图 7-8　流量概况

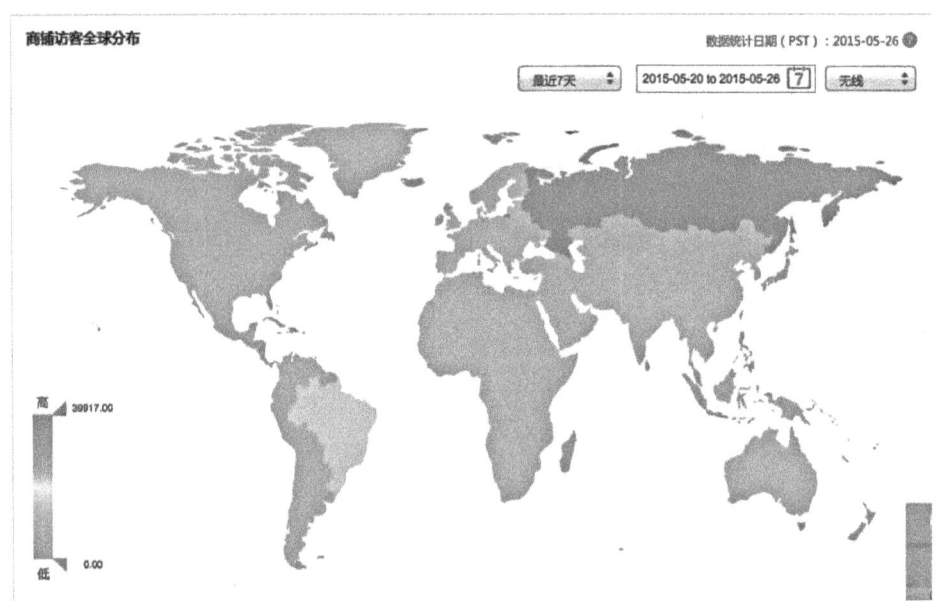

图 7-9　国家流量分布情况

（二）店铺流量来源分析

店铺流量来源主要分为站内流量和站外流量。通过查看店铺内流量构成，分拆不同渠道流量占比和走势，可以帮助卖家了解及优化店铺流量来源，提升店铺流量，如表 7-10 所示。

表 7-10 店铺流量来源

来源分类	渠道	详细说明	特别说明
站内	站内搜索	通过搜索框搜索后点击本店铺产品	仅限英语主站来源
	类目浏览	浏览类目页面后点击本店铺产品	仅限英语主站来源
	活动	报名参加的平台活动,非报名的活动,fashion 频道	—
	直通车	P4P 流量	付费流量
	购物车	—	—
	收藏夹	收藏的商品链接	
	直接访问	直接输入链接	不含直接访问店铺首页
	站内其他	包含店铺首页、分组页、买家后台订单历史页	非英语主站的流量来源
站外	站外合计	非全球速卖通网站的链接带来的流量	—

那么这些流量对店铺都有什么贡献呢？通常来说，站内搜索及类目浏览流量占店铺所有流量的 60%以上的店铺才是健康的，由于现在没有区分各小语种分站的搜索和类目流量，所以大部分卖家在看来自站内其他流量比例都很高，这是正常的，而假发行业例外。一般情况下，活动和直通车带来的新访客比例最高，是店铺引流的利器。

当然来自自然搜索和类目浏览的访客更加优质，这需要店铺各项指标都排名靠前。从访问深度和跳失率这两个数据中可以得出以上结论。

牛刀小试

❖ 思考题

通过平台推荐和行业数据分析，寻找三个你认为最好的蓝海行业。

❖ 操作题

1．通过店铺流量来源分析，调整店铺营销方案。

2．通过店铺装修，利用平台数据分析装修效果如何。

项目八

收取跨境电商的款项

学习目标
- 认识国际支付方式。
- 认识国际支付宝。
- 了解其他国际支付方式。

项目八 收取跨境电商的款项

任务一 认识国际支付方式

任务描述

电子商务的爆炸式发展已经突破国界,逐渐实现全球化、国际化的趋势,跨境支付问题成为连通并关系着整个跨境电商行业的关键。小林认识到了国际支付在跨境电商中的重要地位,决定好好了解国际支付方式,为今后企业的发展做知识储备。

知识准备

一、国际支付

支付是跨境电商中非常重要的环节之一。随着跨境电商的发展,跨境 B2B、B2C 出口的提速,多样化的结算方式能为我们所用。国际支付伴随着商品进出口而发生,然而它的发展又反过来促进了国际经济活动的发展;同时,伴随着国际经济活动的发展,其应用范围也不断扩展。国际支付是指在国际经济活动中的当事人以一定的支付工具和方式,清偿因各种经济活动而产生的国际债权债务的行为。

> 国际支付是指在国际经济活动中的当事人以一定的支付工具和方式,清偿因各种经济活动而产生的国际债权债务的行为。

随着经济的不断发展,互联网的覆盖逐渐渗透到生活中的点点滴滴。购物不仅仅只仅限于境内商家,商家逐步覆盖到全世界各地区,我们需要知道国际支付的特征,并根据商品、地区的不同选择相应的支付方式。

总体来说,国际支付的特征可以从以下几个方面来概括:

(1)国际支付产生于国际经济活动而引起的债权债务关系。国际经济活动包括贸易活动和非贸易活动。国际贸易活动指国际贸易中的不同当事人之间的货物、技术或服务的交换,如货款、运输费用、各类佣金、保险费、技术费。非国际贸易活动是指国际间除贸易活动以外的各类行为,如国际投资、国际借贷、国际间的各类文化艺术等活动。

（2）国际支付的主体是国际经济活动中的当事人。国际经济活动中的当事人含义依据不同的活动而定。如在货物买卖中，当事人是指双方营业地处在不同国家的人，且有银行参与。

（3）国际支付是以一定的工具进行支付的。支付的工具一般为货币与票据。一方面，由于国际支付当事人一般是跨国之间的自然人、法人，而各国所使用的货币不同，这就涉及货币的选择、外汇的使用，以及与此有关的外汇汇率变动带来的风险问题；另一方面，为了避免直接运送大量货币所引起的各种风险和不便，就涉及票据的使用问题，与此相关的是各国有关票据流转的一系列复杂的法律问题。

（4）国际支付是以一定的方式来进行的。在国际贸易中，买卖双方通常互不信任，他们从自身利益考虑，总是力求在货款收付方面能得到较大的安全保障，尽量避免遭受钱货两空的损失，并想在资金周转方面得到某种融通。这就涉及如何根据不同情况，采用国际上长期形成的汇付、托收、信用证及国际保理等不同的支付方式，来处理好货款收付中的安全保障和资金融通问题。

资料卡

国际支付宝（Escrow）与国内支付宝（Alipay）的区别

国际支付宝（Escrow）的第三方担保服务是由阿里巴巴国际站同国内支付宝（Alipay）联合支持提供的。全球速卖通平台只是在买家端将国内支付宝（Alipay）改名为国际支付宝（Escrow）。

这是因为根据买家调研的数据，发现买家群体更加喜欢和信赖 Escrow 一词，认为 Escrow 可以保护买家的交易安全。而在卖家端，全球速卖通平台依然沿用国际支付宝一词，只是国际支付宝相应的英文变成了"Escrow"。

在使用上，只要您有国内支付宝账号，无须再另外申请国际支付宝（Escrow）账户。当登录到"My Alibaba"后台（中国供应商会员）或"我的速卖通"后台（普通会员），您可以绑定国内支付宝账号来收取货款。

国际支付宝（Escrow）是一种第三方支付担保服务，而不是一种支付工具。对于您而言，它的风控体系可以保护您在交易中免受信用卡盗卡的欺骗，而且只有当且仅当国际支付宝（Escrow）收到了您的货款，才会通知您发货，这样可以避免您在交易中使用其他支付方式导致的交易欺诈。买家页面已经用 Escrow 代替 Alipay，当您产品发布时，不能够再出现 Alipay 一词了。目前，国际支付宝（Escrow）支持的支付方式有信用卡、T/T 银行汇款等，后续将会有更多的支付方式接入进来。

1. 什么是国际支付?

2. 国际支付有哪些特征?

二、国际支付宝

阿里巴巴国际支付宝（Escrow）是由阿里巴巴与支付宝联合开发，在保护国际在线交易中买卖双方的交易安全所研发的一种第三方支付担保服务，全称为Escrow Service。

国际支付宝（Escrow）的服务模式与国内支付宝类似：交易过程中先由买家将货款打到第三方担保平台的国际支付宝（Escrow）账户中，然后第三方担保平台通知卖家发货，买家收到商品后确认，货款放于卖家，至此完成一笔跨境交易。

阿里巴巴旗下的购物平台中，淘宝和天猫是针对国内电商购物的平台，全球速卖通是针对跨境电商购物的平台，与之相对应的，支付宝大部分负责国内第三方支付，Escrow大部分负责境外第三方支付。如果我们已经拥有国内支付宝账户，只需在全球速卖通账号中绑定国内支付宝账户即可，无须再申请国际支付宝（Escrow）账户。如果我们还没有国内支付宝账号，可以先登录支付宝网站申请国内支付宝账号，再绑定即可。

在绑定国内支付宝账户后，我们可以通过支付宝账户收取人民币。国际支付宝（Escrow）会按照当天的汇率将美元转换成人民币打入卖家的国内支付宝或银行账号中。

使用国际支付宝（Escrow）有很多显而易见的优势。

（1）多种支付方式：支持信用卡、银行汇款多种支付方式。目前，国际支付宝（Escrow）支持的支付方式有信用卡、T/T 银行汇款、西联汇款支付、Skrill 和借记卡支付等。

（2）安全保障：先收款，后发货，全面保障卖家的交易安全。国际支付宝（Escrow）是一种第三方支付担保服务，而不是一种支付工具。它的风控体系可以保护客户在交易中免受信用卡盗卡的欺骗，而且只有当且仅当国际支付宝（Escrow）收到了买家的货款，才会通知卖家发货，这样可以避免您在交易中使用其他支付方式导致的交易欺诈。

（3）方便快捷：线上支付，直接到账，足不出户即可完成交易。使用国际支付宝（Escrow）收款无须预存任何款项，全球速卖通会员只需要绑定国内支付宝账号和美元银行账户就可以分别进行人民币和美元的收款。

（4）品牌优势：背靠阿里巴巴和支付宝两大品牌，海外潜力巨大。

目前，国际支付宝支持多种支付方式：信用卡、T/T 银行汇款、西联汇款、Skrill、借记卡。

1. 信用卡支付

买家可以使用 Visa 及 Mastercard 对订单进行支付，如果买家使用此方式进行支付，平台将会将订单款项按照买家付款当天的汇率结算成人民币支付给您。

2. T/T 银行汇款和西联（Western Union）汇款支付

这是国际贸易主流支付方式，大额交易更方便。如果买家使用此方式支付，其中会有一定汇款的转账手续费。此外，银行提现也需要一定的提现费用。

3. Skrill 支付

欧洲也是全球速卖通的主要市场，Skrill 是一个欧洲的电子钱包公司而且集成了 50 多种支付方式，是欧洲一种主流的支付服务商。

4. 借记卡支付

国际通行的借记卡外表与信用卡一样，并于右下角印有国际支付卡机构的标志。它通行于所有接受信用卡的销售点。唯一的区别是，当使用借记卡时，用户没有 creditline，只能用账户里的余额支付。

如果买家使用信用卡进行支付，资金通过美元通道，则平台会直接将美元支付给卖家；如果资金是通过人民币通道则平台会将买家支付的美元结算成人民币支付给卖家；如果买家使用 T/T 银行电汇进行支付，平台会直接将美元支付给卖家。

为了保护全球速卖通平台买卖双方交易的合法权益，让卖家能够更加放心和顺利地在全球速卖通平台完成交易，避免不必要的纠纷。全球速卖通特别推出《支付宝卖家保护指南》，当买家投诉货物没有收到或收到的货物与描述不符时，《支付宝卖家保护指南》可以协助和保护卖家在最短时间里解决纠纷。

国际支付宝保护全球速卖通的卖家在全球速卖通平台上合法进行的交易。支付宝的卖家保护主要包括以下几方面：

（1）支付宝先收款、后发货的交易模式对卖家的保护。

（2）遭遇交易纠纷时，《支付宝卖家保护指南》帮助卖家有效解决纠纷。

（3）支付宝的风控系统可以有效排除可疑订单，防止买家欺诈。

支付宝卖家保护只保护合法卖家在全球速卖通平台上使用支付宝进行的交易，若您不使用支付宝将不能享受支付宝卖家保护；支付宝卖家保护只保护合法卖家发布的不违反交易平台禁限售规则的交易产品。

> **资料卡**
>
> **《支付宝卖家保护指南》是如何保护卖家的？**
>
> 1. 当买家投诉没有收到货时
>
> 如果卖家能够向平台提供货物已经送达给买家的证明，卖家将得到平台保护。
>
> （1）因为物流等原因，货物可能还在途中，因此当纠纷发生时，卖家需主动积极联系买家，同买家沟通。若双方达成一致，买家确认收到货后，撤除纠纷，平台将全额放款给卖家。
>
> （2）若买家投诉没有收到货物，而卖家能提供清楚的可以显示货物已经送达的证据，包括但不仅限于：货物的运单号、货物底单、物流妥投证明、货物的运送状态显示"已送达"、送达日期、收件人地址（确保收货地址和买家地址一致）、收件人确认收货的签字回执，平台将会全额放款给卖家。
>
> （3）若买家投诉没有收到货物，经平台查明货物被扣关，而卖家能够提供物流出具的买家不愿清关导致货物被扣关的证明，平台会全额放款给卖家。
>
> 2. 当买家投诉收到的货物与描述不实时
>
> 如果卖家能够提供清楚的文件来证明货物的说明是恰当的，卖家可以得到平台的保护。例如，当卖家提供的文件能说明以下问题时，索赔则可能会按对卖家有利的原则解决。
>
> （1）当买家投诉收到的货物为二手货，而卖家在产品描述中已经清楚说明该物品为二手货。
>
> （2）当卖家产品描述正确，如卖家在产品描述中已经清楚说明了该物品的实际功能及可能存在的缺陷，而买家因为期望值等问题不想要了。
>
> （3）当买家投诉货物数量不对时，而卖家能够提供证据证明是按照买家需求发出的订单。
>
> 货物与描述不符的投诉，因为涉及买家期望值问题，如果卖家能够提供证据来证明该买家购买的产品的描述是清楚的，平台将会根据货物的实际情况同买家协商，对卖家做出全额放款/退货/部分放款的处理。

牛刀小试

❖思考题

1．国际支付宝有哪些支付方式？

2．将所学知识与网络知识相结合，说说国际支付宝与国内支付宝有什么相同之处和不同之处？

❖操作题

通过网络申请自己的国际支付宝账户。

任务二　提现收款

 任务描述

小林已经了解了关于国际支付的相关支付，也了解了国际支付宝。现在他需要结合全球速卖通了解怎样通过平台提现收款、相应的手续费、全球速卖通跨境电商的放款规则等，以便能够顺利把款项提现。

 知识准备

一、收费标准

国际支付宝（Escrow）只在交易完成后对卖家收取手续费，买家不需要支付任何费用。

国际支付宝（Escrow）服务对卖家的每笔订单收取 5%的手续费。5%是目前全球同类支付服务中最低的费用。通用支付工具表如表 8-1 所示。

表 8-1　支付工具表

支付工具	开户费用	产品登录费	成交费	收款手续费	提现手续费	卖家获得金额（以出售 300 美元产品为例）	节省费用
电汇	无	—	—	15～50 美元	无	285～250 美元	—
支付定（Escrow）	无	—	5%（部分 3%）	—	无	285 美元	最多 41 美元
其他跨国在线支付工具	无	0.1～1.5 美元	1.5%～5.25%	2.9%～3.9%	10 美元左右	276～261 美元	最多 25 美元

项目八 收取跨境电商的款项

> **资料卡**
>
> **全球速卖通账户**
>
> 因为业务发展需要，增加了多个支付渠道；新增加的部分支付渠道的资金会直接结算到全球速卖通结算账户。有一部分资金会放款到全球速卖通账户下。
>
> 系统会根据买家支付渠道等信息决定结算到支付宝国际账户还是全球速卖通结算账户。目前主要是信用卡支付订单，后续资金放款可能会进入全球速卖通账户。

二、放款规则

为确保全球速卖通平台交易安全，保障买卖双方合法权益，就通过全球速卖通平台进行交易产生的货款，全球速卖通及其关联公司根据相关协议及规则，有权根据买家指令、风险因素及其他实际情况决定相应放款时间及放款规则。

（一）放款时间

全球速卖通根据卖家的综合经营情况（如好评率、拒付率、退款率等）评估订单放款时间。

（1）在发货后的一定期间内进行放款，最快放款时间为发货3天后。

（2）买家保护期结束后放款。

（3）账号关闭的，且不存在任何违规违约情形的，在发货后180天放款。

如全球速卖通依据合理相信判断订单或卖家存在纠纷、拒付、欺诈等风险的，全球速卖通有权视具体情况延迟放款周期，并对订单款项进行处理。

（二）放款方式

全球速卖通账号状态正常和关闭下，放款方式的比例和时间也会不同，如表8-2所示。

表 8-2 放款规则

账号状态	放款规则		
	放款时间	放款比例	备注
账号正常	发货3个自然日后（一般是3～5天）	70%～97%	保证金释放时间见表8-3
		100%	
	买家保护期结束后	100%	买家保护期结束：买家确认收货/买家确认收货超时后15天
账号关闭	发货后180天	100%	无

提前放款需要根据包裹的交易完成时间、发货时间、快递的不同类型来确定保证金释放时间，总体来看可以分为两种类型，如表8-3所示。

表 8-3 提前放款保证金释放时间表

类型	条件		保证金释放时间
按照订单比例冻结的保证金	商业快递+系统核实物流妥投	无	交易结束当天
	1. 商业快递+系统未核实到妥投 2. 非商业快递	交易完成时间-发货时间≤30天	发货后第30天
		交易完成时间-发货时间=30～60天	交易结束当天
		交易完成时间-发货时间≥60天	发货第60天
固定保证金	账号被关闭	无	提前放款的订单全部结束（交易完成+15天）后，全额释放
	退出提前放款		
	提前放款不准入		

这里需要说明：

商业快递：包括 UPS、DHL、FedEx、TNT、顺丰。

物流妥投：运单号物流信息显示货物已被签收，且签收信息与订单信息相吻合，以平台系统核实到的物流妥投记录为准。

为了确保能及时收到，作为全球速卖通的用户，应注意以下几点：

（1）请使用全球速卖通支持的货运方式，并准确准时地填写真实有效的货运单号。

（2）请及时更新货运单号，如果单号在途中发生变更，及时更新到系统后台。

（3）请卖家配合服务人员提供相应的证明。

（4）在买家确认收货，或者确认收货超时且货物信息正常的情况下，请卖家先等待3～5个工作日，稍后会收到相应订单款项。

牛刀小试

◆思考题

1．国际支付宝的收费标准是怎样的？

2. 什么条件下全球速卖通可以提前放款？

❖操作题

通过网络学习至少两种其他国际支付方式提现收款的规则。

任务三　认识其他国际支付方式

 任务描述

国际上的支付方式数不胜数，不仅仅是国内消费者所熟知的支付宝和国际支付宝，还有在各国使用的其他支付方式。这一任务中，小林带着这个问题了解了各国其他的支付方式，丰富自己的国际支付知识。

 知识准备

一、PayPal

（一）PayPal 介绍

PayPal，就是通常说的"PayPal 贝宝国际"，是针对具有国际收付款需求用户设计的账户类型。它是目前全球使用最为广泛的网上交易工具之一，能够轻松完成境外收付款。一个账户全球通用，成为 PayPal 用户，就能在任何地方接受更多付款方式。

PayPal 能进行便捷的外贸收款、提现与交易跟踪；从事安全的国际采购与消费；快捷支付并接收包括美元、加元、欧元、英镑、澳元和日元等 25 种国际主要流通货币。PayPal 是 eBay 旗下的一家公司，致力于让个人或企业通过电子邮件，安全、简单、便捷地实现在线付款和收款。PayPal 账户是 PayPal 公司推出的最安全的网络电子账户，使用它可有效降低网络欺诈的发生。PayPal 账户所集成的高级管理功能，可以使你轻松掌控每一笔交易详情。截至 2012 年，在跨国交易中超过 90%的卖家和超过 85%的买家认可并正在使用 PayPal 电子支付业务。

（二）PayPal 账户的优势

1. 品牌效应强

PayPal 在欧美普及率极高，是全球在线支付的代名词，强大的品牌优势能让网站轻松吸引众多海外客户。

2. 资金周转快

PayPal 独有的即时支付、即时到账的特点，使你能够实时收到海外客户发送的款项。

同时最短仅需 3 天，即可将账户内款项转账至国内的银行账户，及时高效地帮助你开拓海外市场。

3. 安全保障高

完善的安全保障体系；丰富的防欺诈经验；业界最低风险损失率（仅 0.27%），不到使用传统交易方式的 1/6，确保交易顺利进行。

4. 使用成本低

无注册费用、无年费，手续费仅为传统收款方式的 1/2。

5. 数据加密技术

当注册或登录站点时，PayPal 会验证你的网络浏览器是否正在运行安全套接层 3.0（SSL）或更高版本。传送过程中，信息受到加密密钥长度达 168 位（市场上的最高级别）的 SSL 保护。你的用户信息存储在 PayPal 的服务器上，无论是服务器本身还是电子数据都受到严密保护。为了进一步保护信用卡和银行账号，PayPal 不会将受到防火墙保护的服务器直接连接到网络。

PayPal 支持以下银行发行的银联卡：中国工商银行、中国建设银行、中国农业银行、中国银行、交通银行、招商银行、上海浦东发展银行、华夏银行、中信银行、兴业银行、中国民生银行、中国光大银行、中国邮政储蓄银行。

在跨国交易中超过 95%的卖家和超过 85% 的买家认可并正在使用 PayPal 电子支付业务。在卖家和买家中 PayPal 也有着不一样的保障，如表 8-4 所示。

表 8-4　PayPal 对卖家和买家的保障

买　　家	卖　　家
安全	高效
付款时无须向商家提供任何敏感金融信息	实现网上自动化支付清算，有效提高运营效率
享有 PayPal 买家保护政策	多种功能强大的商家工具
简单	保障
集多种支付途径为一体	PayPal 成熟的风险控制体系
无须任何服务费	商家因欺诈所遭受的平均损失不到其收入的 0.27%
两分钟即可完成账户注册，具备多国语言操作界面	内置的防欺诈模式，个人财务资料不会被披露

续表

买　　家	卖　　家
便捷	节省
支持包括国际信用卡在内的多种付款方式	只有产生交易才需付费，没有任何开户费及年费
数万网站支持 PayPal，一个账户买遍全球	集成 PayPal，即集成所有常见国际支付网关

（三）PayPal 的支付流程

通过 PayPal 付款人欲支付一笔金额给商家或收款人时，可以分为以下几个步骤：

（1）只要有一个电子邮件地址，付款人就可以登录开设 PayPal 账户，通过验证成为其用户，并提供信用卡或相关银行资料，增加账户金额，将一定数额的款项从其开户时登记的账户（如信用卡）转移至 PayPal 账户下。

（2）当付款人启动向第三人付款程序时，必须先进入 PayPal 账户，指定特定的汇出金额，并提供收款人的电子邮件账号给 PayPal。

（3）接着 PayPal 向商家或收款人发出电子邮件，通知其有等待领取或转账的款项。

（4）如商家或收款人也是 PayPal 用户，其决定接收后，付款人所指定的款项即移转予收款人。

（5）若商家或收款人没有 PayPal 账户，收款人依据 PayPal 电子邮件内容指示连接站进入网页注册，取得一个 PayPal 账户，收款人可以选择将取得的款项转换成支票寄到指定的处所、转入其个人的信用卡账户或转入另一个银行账户。

从流程可以看出，如果收款人已经是 Paypal 的用户，那么该笔款项就汇入他拥有的 PayPal 账户，若收款人没有 PayPal 账户，官网就会发出一封通知电子邮件，引导收款人至 PayPal 网站注册一个新的账户。所以，也有人称 PayPal 的这种销售模式是一种"邮件病毒式"的商业拓展方式，从而使得 PayPal 越滚越大地占有市场。

二、其他国际支付方式

（一）Skrill

Skrill（原 Moneybookers）是国际通用的一种网络金流（网络金流这个概念就类似于网络银行），会员之间可以简单地付款与收款，让金钱流通无国界。通常在欧洲地区，会有比较多人喜欢使用 Skrill。

Skrill 账户分为客户账户（个人账户）和公司账户。账户使用起来便利、安心、实时。发送和接收款项，存储银行卡信息，关联银行账户，使用客户或企业的电子邮箱和密码随时随地方便支付；信息安全是 Shrill 的首要任务，保护个人和付款信息的安全；Skrill 钱包用户发送和接收款项都十分方便，只需电子邮箱即可，手续费仅 1%，节省更多资金。

Skrill 将所有付款信息汇集到一个地方，支持 50 余种欧洲各国当地的支付方式，包括信用卡借记卡和一些欧洲各国当地的支付方式。提供 40 种货币供选择，拥有超过 20 种受到客户喜爱的本地支付方式，与全球超过 80 家银行有合作关系。

（二）Boleto

Boleto 是由多家巴西银行共同支持的一种支付方式，在巴西占据绝对主导地位，客户可以到巴西任何一家银行、ATM 机、彩票网点或使用网上银行授权银行转账。很多跨境电商平台支持 Boleto 的支付方式。

该支付渠道有如下特点：

（1）一旦付款，不会产生拒付和伪冒，保证商家的交易安全。

（2）无须预付交易保证金，降低了门槛。

（3）单笔支付限额在 1～3000 美元；月累计支付不超过 3000 美元。

（4）不是网上实时付款，消费者需在网上打印付款单并通过网上银行、线下银行或其他指定网点进行付款。消费者可以在 1～3 天内付款，各个银行需要 1～3 个工作日的时间完成数据交换，所以每笔交易一般需 2～7 天的时间才能支付完成。

由于 Boleto 渠道支付周期长的特性，为了减少失败的交易，全球速卖通对买家选择了 Boleto 渠道支付的订单做了提醒，如图 8-1 所示。

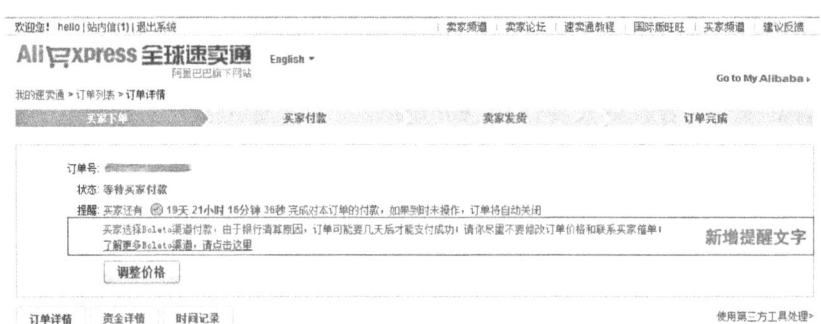

图 8-1　订单提醒

只要买家在下单页面单击了 Boleto 付款方式，卖家页面上就会收到提醒（订单最长需要 5 个工作日才能显示付款成功，在此期间不要修改订单价格或联系买家催单。如果超过 5 个工作日没有显示支付成功，请联系买家是否付款）。

（三）QIWI

QIWI 是俄罗斯领先的支付服务提供商，类似于支付宝。它运营着俄罗斯最大规模的自助购物终端设备，以及提供在线支付和手机支付服务。依托于 QIWI bank、QIWI wallet 是俄国市场唯一注册地在俄国境内，且能够直接与外国电子支付服务商合作的第三方支付服务供应商，占有俄国电子钱包支付业务 1/3 的市场份额。

QIWI 根据买家支付方式不同，到账时间也不一样。一般可以分为以下三种情况：

（1）如果通过信用卡、QIWI 支付，且通过资金审核（一般 24 小时左右）即可到账。

（2）如果通过西联汇款，一般需要两个工作日到账。

（3）如果通过 T/T 转账，一般需要 7 个工作日左右到账。

（四）WebMoney

WebMoney（以下简称 WM）是由成立于 1998 年的 WebMoney Transfer Techology 公司开发的一种在线电子商务支付系统。截至 2012 年 9 月，其注册用户已接近 1900 万人，其支付系统可以在包括中国在内的全球 70 个国家使用，是俄罗斯三大主流支付机构之一。

全球速卖通平台于 2013 年 7 月 17 日正式开通 WebMoney 支付选项，成为 30000 多家支持 WebMoney 支付方式的网站之一。全球速卖通的买家现在可以使用 WebMoney 钱包实时且安全地支付商品费用。

目前，WebMoney 是俄罗斯及其周边地区其中一种最流行的支付方式，这次合作会为当地的全球速卖通买家带来更无缝的支付体验，进一步加强平台服务海外消费者的灵活性。WebMoney Transfer 是一个全球结算系统，在世界各地共提供超过 2200 万个多币种电子钱包账户，目前接受 WebMoney 支付方式的网上商铺和服务商已经有过万家。互联网用户无须银行账户或信用卡就能够开通 WebMoney 账户，进行实时又安全的网上交易；此外，用户可以通过银行汇款、网上转账或预付卡等方式为其 WebMoney 钱包充值。

由于系统会在支付过程中自动兑换货币，不论 WebMoney 用户将余额存放在哪个"钱包"，买家都可以很方便地在全球速卖通上购买心仪的产品。

目前，全球速卖通支持账户余额支付，若买家提交的退款申请被支付宝受理，会将退款请求交给 WebMoney 处理。WebMoney 订单退款后，会立即到账，退款货币是美元。

牛刀小试

❖思考题

1. PayPal 的优势有哪些？具体表现在哪些方面？
2. 请根据 PayPal 的支付流程，做出流程图。

❖操作题

通过网络学习 PayPal 的提现方式、限制和提现方式。

项目九

运送跨境电商的货物

学习目标
- 了解跨境物流。
- 了解跨境电商物流存在的问题。
- 认识跨境电商的常用物流方式。
- 学会设置物流模板。

任务一　了解跨境物流

任务描述

经过前面的学习，小林认识了跨境电商平台，挑选了要进行营销的产品，装修了跨境店铺。接着他需要了解跨境电子商务环境下的跨境物流，通过认识国际物流来跨国运送商品。

知识准备

一、跨境物流概述

通常我们接触到的电商是国内电商，因此不涉及商品进出口问题。电商公司物流部门主要负责采购、包装、信息处理、仓储管理，而运输是外包给国内的物流公司。当企业战略升级，走上跨境电商之路时，跨境物流的模式就不同于国内物流了，我们也可以称跨境物流为国际物流。

跨境物流或国际物流，是指把商品从一个国家通过海、陆、空，运送到另一个国家或地区，依照国际惯例和标准，利用国际化的物流设施、物流技术和物流网络建立商品在国际间的交换，促进地球村的发展。

简单来说，国际物流是指通过网上平台销售的物品从供应地到世界各地域范围的实体流动过程，包括了包装配送、国际运输和信息处理等环节。

作为企业要明白跨境电商主要涉及几大主体：买卖双方、跨境购物平台、第三方物流和支付公司、海关。它与国内电商最大的区别在于成交商品需要通过海关出入境，从一个国界跨入到另一个国界。根据海关条例小件限额物品无须报关、清关，物流部门需要每天处理物流信息，在仓库里打包商品，把物品分派给合适的国际快件、邮递公司，处理疑难杂件或退回件。

国内物流与国际物流的区别主要体现在运输方式、信息填写、快递运费、发货时间等方面，如表9-1所示。

表 9-1 国际物流与国内物流对比

项　　目	国　内　物　流	国　际　物　流
运输方式	顺丰、四通一达等	EMS China post、DHL、FedEx、UPS、TNT 等
信息填写	地址、电话、姓名	额外的需要填写报关签条
运费计算	首重、续重	
快递费用	一般 5~20 元不等，较低	地区不同、物流方式不同、价格不同，较高
货运时间	短，稳定	较长，不稳定
信息跟踪	凭跟踪条码，可以通过电话、网络追踪最新信息	

随着跨境电商的飞速发展，适应跨境电商需求的各种类型的国际物流服务衍生出来。根据物流功能的不同，可以把国际物流划分为很多种类。而区别于传统物流，跨境电商下的国际物流更加强调了以下特征：

（1）速度反应快速化。跨境电商要求物流上下游的配送需求反应速度非常迅速，前置时间和配送间隔越短，商品周转和物流配送时效就越快。

（2）功能集成化。集成化就是把某些东西（或功能）集合在一起。跨境电商将国际物流与供应链的其他环节相互集成，其中包括物流渠道与产品渠道的集成、各种类别的物流渠道之间的集成、物流环节与物流功能的集成等。

（3）作业规范化。跨境物流强调作业流程的标准化，包括物流订单处理模板、物流渠道的管理标准等，从而使得复杂的物流作业流程变为简单、可量化、可考核的物流操作方式。

（4）信息电子化。跨境物流强调订单处理、信息处理的系统化和电子化，用先进的信息系统对物流渠道的成本、时效、安全性进行有效考核，以及对物流仓储管理过程中的库存积压、物流配送不及时、商品延迟发货到货等进行有效的风险控制。

跨境电商主要针对的是 B2C 的客户群体，当然在互联网发展的今天跨境电商也是 B2B 企业所需要考虑的，但本书中的跨境物流渠道知识点的展开主要设定为 B2C 的发货过程，如图 9-1 所示。

卖家收到平台订单之后将商品打包发出，包裹通过不同的物流渠道到达买家手中。整个过程有以下几个主要环节：

（1）发件国物流渠道。

（2）发件国海关。

（3）空运、海运、陆运。

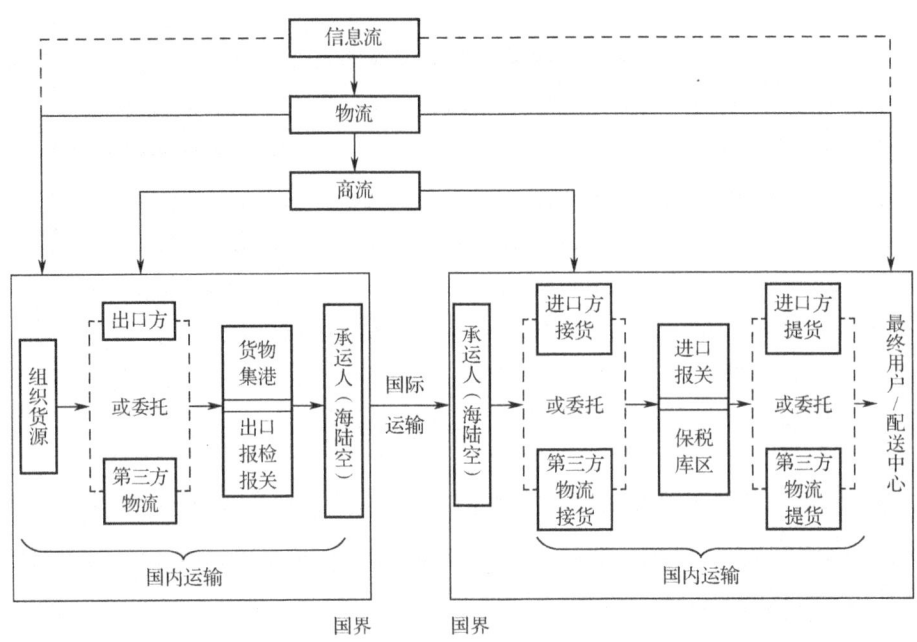

图 9-1 国际物流流程

（4）收件国海关。

（5）收件国物流。

（6）收件人签收，妥投。

这样一个有序的流程保证了商家将商品从本国运送到其他国家的消费者手中，显然它与国内物流既有着不同之处，又有着异曲同工之处。而在国际物流上更要小心谨慎，这不仅是商品从卖家到买家的手中，也是商品从一个国界跨入另一个国界的过程。

1. 国际物流与国内物流有什么区别？

2. 请描述在跨境电子商务环境下商品从卖家到买家需要哪几个环节？

二、跨境电商物流存在的问题

跨境电商物流运作流程基本包括：揽收货物—出口国境内物流—出口国清关—国际物流—进口国清关—进口国物流—消费者。跨境电商国际物流模式各有优缺点，为满足跨境电商的多元化经营模式，各大物流企业的专业性与综合实力成为跨境电商顺利进行的决定性因素。无论哪种模式都需要经历国内外两层通关环节，物流企业通关的专业性对物流服务的质量有着重要的影响。此外，在跨境电商零售模式下退、换货等售后服务的零碎化特点，更加考验了物流解决方案中通关问题的处理。

据统计，在跨境电商平台的订单投诉中，物流原因占了相当大的一部分，如运输时间长、退货成本高、退换货手续烦琐等，影响了消费者的跨境网购体验。此外，不同于传统境内物流，跨境电商物流由于环节多、链条长，造成物流成本所占货值的成本较高，较高的跨境电商物流成本让不少体量较小的商家望而却步，而且对于大企业来说物流成本也是不小。

总结来说，跨境电商物流存在以下问题。

1. 缺少跨境电商物流政策支持

国内跨境电商行业自2008年后才进入发展期，随着跨境电商市场规模的扩大，渗透率逐年提升，政府逐渐意识到需要对跨境电商行业进行支持与规范，从2012年12月陆续出台了跨境电商业务试点、增设跨境电商监管代码等支持跨境电商发展的政策，对跨境电商进行政策支持。并在2015年、2016年逐渐出台跨境电商通关、税收监管规范。但是较少关注跨境电商物流的支持与规范，跨境电商物流服务作为跨境电商最重要的支持性行业，政策的支持应着重到跨境电商物流部分，这对于提升跨境电商物流行业的整体竞争力具有重大意义。

2. 缺乏专业的综合跨境电商物流企业

目前，国内专门从事跨境电商物流或全程参与跨境电商物流各个环节的物流企业很少，主要提供跨境电商物流服务的部分环节，条块化分割严重、物流服务功能单一。以国内四通一达快递企业为例，其主要参与跨境电商活动的最终配送环节，服务性质等同于国内快递物流；能够全程参与跨境电商物流活动的主要是中国邮政、顺丰速递及其他国际快递企业（FedEx、UPS等）。跨境电商物流环节多、链条长，物流企业应当提供全供应链服务，整合物流服务资源，使得跨境电商企业能够专注于提供优质的跨境电商服务。企业要建立起全流程覆盖物流服务能力需要综合实力的支持，未来跨境电商市场格局将很大程度上取决于跨境电商物流服务能力，因而建立起专业化的跨境电商物流企业十分必要。

3. 退换货较难实现

跨境电商物流环节包括关境外的集货、运输、通关，国际物流，以及关境内的通关、分拣、配送等多个环节，本身物流时间耗时较长，成本高，对于消费者存在退换货需求时，烦琐的退换货流程及高昂的退换货成本使得退换货需求难以实现。随着消费水平的升级，未来消费者对于退换货的意识及需求将会增长，如国外的无理由退换货消费习惯。因而改善逆向物流的便捷性，降低跨境电商物流成本，完善跨境电商退换货管理，对于提升跨境电商物流服务质量及促进跨境电商业务发展至关重要。

自海外仓的推出，退换货的问题有所改善，能否改善到根本还拭目以待。

 牛刀小试

❖思考题

1．什么是国际物流？

2．将所学知识与网络知识相结合，总结跨境物流有什么特征？

❖操作题

通过网络学习，查找近年来有所成就的跨境电商物流企业。

任务二　选择跨境物流

 任务描述

小林通过了解国际环境下的物流之后，发现物流问题很关键，也是卖家极为关心的话题。不同的客户群体、不同的商品要选择不同的物流渠道。本任务就是要了解国家物流的常见分类和选择跨境物流。

知识准备

一、跨境物流的分类

（一）邮政物流渠道

说到物流渠道的覆盖广度，没有哪个渠道能比得上邮政网络。邮政网络基本覆盖全球，邮政物流渠道就是从当地的邮局将本地的商品送交到顾客手中，这主要得益于万国邮政联盟和卡哈拉邮政组织（KPG）。

万国邮政联盟是联合国下设的一个关于国际邮政事务的专门机构，通过一些公约法规来改善国际邮政业务，发展邮政方面的国际合作。万国邮政联盟由于会员众多，而且会员国之间的邮政系统发展很不平衡，因此很难促成会员国之间的深度邮政合作。2002 年，邮政系统相对发达的 6 个国家和地区（中、美、日、澳、韩及中国香港）的邮政部门在美国召开了邮政 CEO 峰会，并成立了卡哈拉邮政组织，后来西班牙和英国也加入了该组织。卡哈拉组织要求所有成员国的投递时限要达到 98%的质量标准。如果货物没能在指定日期投递给收件人，那么负责投递的运营商要按货物价格的 100%赔付客户。

这些严格的要求都促使成员国之间深化合作，努力提升服务水平。例如，从中国发往美国的邮政包裹，一般 15 天以内可以到达。据不完全统计，中国出口跨境电商 70%的包裹都是通过邮政系统投递，其中中国邮政占据 50%左右。

常见的邮政物流方式如下。

1. EMS

EMS 针对小件，对时效性要求不高的商品，不容易产生关税。同时，在南美国家和俄罗斯等国家 EMS 具有绝对优势。

2. 国际 E 邮宝

国际 E 邮宝是中国邮政专为中国电商卖家量身定制的一款全球性经济型的邮递方式，主要针对重量较轻的小件物品的空邮方式。这种方式目前仅限于中国电商卖家发向美国、加拿大、英国、法国和澳大利亚的包裹寄送服务。时效快，7～10 天可以投妥商品；服务优良，提供包裹跟踪单号。

3. 中国邮政大包和小包

中国邮政大包可以寄往全球 200 多个国家和地区，价格低，清关能力强，适用于时效性要求不高的重量大且货物大的商品。

中国邮政小包是指重量在 2kg 之内的，外包装长、宽、高不超过 90cm 且最长边长小于 60cm 的小包裹。其运送时间较长，并且很多国家不支持全程跟踪。

（二）"海外仓"渠道

海外仓服务是指为卖家在销售地区进行货物仓储、分拣、包装和派送的一站式控制与管理服务。确切来说，海外仓储应该包括头程运输、仓储管理和本地配送 3 个部分。

头程运输：中国商家通过海运、空运、陆运或联运将商品运送至海外仓库。

仓储管理：中国商家通过物流信息系统，远程操作海外仓储货物，实时管理库存。

本地配送：海外仓储中心根据订单信息，通过当地邮政或快递将商品配送给客户。

"海外仓"是指跨境电商企业在境外建设或租赁的境外仓库，企业按照一般贸易方式，可以将商品批量出口到境外仓库，当消费者购买商品时，再将商品通过当地物流送达境外消费者手中。"海外仓"是各大企业海外布局的关键一环，该模式下企业出口产品拥有价格和时间优势。以全球速卖通为例，全球速卖通开启海外仓服务后，也同时开启了本地化服务体验，覆盖北美、欧洲、澳洲的9个国家以上。

海外仓的优势：

（1）降低物流成本。从海外仓发货，特别是在当地发货，物流成本远远低于从中国境内发货。例如，在中国发 DHL 到美国，1kg 货物要 124RMB，在美国发货只需 5 美元左右。

（2）加快物流时效。从海外仓发货，可以节省报关清关所用的时间，并且按照卖家平时的发货方式（DHL 5~7 天，FedEx 7~10 天，UPS 10 天以上）。若是在当地发货，客户就可以在 2~7 天内收到货，大大缩短了运输时间，加快了物流的时效性。

（3）提高产品曝光率。如果平台或店铺在海外有自己的仓库，那么当地的客户在选择购物时，一般会优先选择当地发货，因为这样对买家而言可以大大缩短收货的时间，海外仓的优势也能够让卖家拥有自己特有的优势，从而提高产品的曝光率，提升店铺的销量。

（4）提升客户满意度。因为并不是所有收到的产品都能让客户满意，这中间可能会出现货物破损、短装及发错货物等情况，这时客户可能会要求退货、换货、重发等，这些情况在海外仓内便可调整，大大节省了物流的时效性，在一定层面上不仅能够重新得到买家的青睐，也能为卖家节省运输成本，减少损失。

（5）有利于开拓市场。因为海外仓更能得到国外买家的认可，从另一方面，如果卖家注意口碑营销，自己的商品在当地不仅能够获得买家的认可，也有利于卖家积累更多的资源去拓展市场，扩大产品销售领域与销售范围。

海外仓的劣势：

（1）卖家无法像管理自己的仓库一样管理海外仓。货发到海外仓后，卖家就再也无法接触到货物，可能会不太放心。不过这方面卖家可以提前去实地考察，觉得海外仓服务商提供的仓储环境和物货管理方法都可以的话，再将货物交给对方。

（2）库存压力大，仓储成本高，资金周转不便。只要产品存放在海外仓一天，那么就要支付一天的仓储费用。假如出现销量不理想的情况，那么货物会一直压在仓中,就会继续增加仓储成本,除了增加库存压力,还会使卖家的资金周转不便。鉴于此,卖家可以选择在店铺销售旺季时使用海外仓,在淡季时则不用或减少使用。

(三)国际快递渠道

国际快递指四大商业快递巨头,即 DHL、TNT、FedEx 和 UPS。这些国际快递商通过自建的全球网络,利用强大的系统和遍布世界各地的本地化服务,为网购中国产品的海外用户带来极好的物流体验。例如,通过 UPS 寄送到美国的包裹,最快可在 48 小时内送达。然而,优质的服务伴随着昂贵的价格。一般中国商户只有在客户时效性要求很强的情况下,才使用国际商业快递派送商品。

1. DHL

DHL 是全球快递、洲际运输和航空货运的领导者,也是全球第一的海运和合同物流提供商。DHL 为客户提供从文件到供应链管理的全系列的物流解决方案,业务遍布全球 220 个国家和地区,是全球国际化程度最高的公司。

DHL 快递覆盖面广,速度快,安全可靠,在美国和西欧具有强有力的清关能力。但是它的价格相对比较昂贵,对于寄送的物品有严格限制,拒收许多特殊商品。进入 DHL 官网(见图 9-2),可以根据商品需求寄件、收件或查询邮件。

官网地址:http://www.cn.dhl.com/zh/express.html。

图 9-2 DHL 中国官网

2. FedEx

联邦快递(FedEx)是一家国际性速递集团,提供隔夜快递、地面快递、重型货物运送、文件复印及物流服务,总部设于美国田纳西州。1984 年,FedEx 进入中国,是拥有直飞中国航班数目最多的国际快递公司,可以服务到全球220多个国家和地区。

相较于其他国际快递,FedEx在东南亚具有绝对的优势,适合21kg以上的大件货物,价格相当于DHL、UPS的50%。在中南美和欧洲有着价格优势,其他地区价格相对较高。物流跟踪查询方便,信息更新快,查询响应快。同样它对托运商品的限制比较严格。进入FedEx官网(见图9-3)可以查询相关知识。

图9-3 FedEx中国官网

3. UPS

UPS是世界最大的快递承运商和包裹快递公司之一,也是运输、物流、资本与电商服务的领导性供应商,如图9-4所示。UPS适宜发往美洲、加拿大和英国地区,时效较为稳定快捷,速度及服务质量大大提高,但是运费高昂,适合发小件,对于托运商品的限制比较严格。

图9-4 UPS中国官网

4. TNT

TNT 是世界顶级的快递与物流公司，为超过 200 多个国家及地区的消费者提供邮运、快递、物流服务等，其电子查询网络是全球最先进的，如图 9-5 所示。相较于其他国际快递，TNT 在西欧国家的清关能力更强，在欧洲、西亚、中东具有绝对优势，官网跟踪快递，更新信息快。同样，对于这样的国际物流，价格高昂，对于商品的限制比较严格。

图 9-5　TNT 中国官网

（四）专线物流渠道

跨境专线物流一般是通过航空包舱方式运输到国外，再通过合作物流公司进行目的国的派送。专线物流的优势在于其能够集中大批量到某一特定国家或地区的货物，通过规模效应降低成本。因此，其价格一般比商业快递低。

在时效上，专线物流稍慢于商业快递，但比邮政包裹快很多。市面上最普遍的专线物流产品是美国专线、欧洲专线、澳洲专线、俄罗斯专线等。也有不少物流公司推出了中东专线、南美专线、南非专线等。

全球速卖通是阿里巴巴旗下面向全球市场打造的在线交易平台，被广大卖家称为"国际版淘宝"。

像淘宝一样，把宝贝编辑成在线信息，通过全球速卖通平台发布到海外。类似国内的发货流程，通过国际快递，将宝贝运输到买家手上，轻轻松松，与 220 多个国家和地区的买家达成交易，赚取美元。

> **资料卡**
>
> **国际物流中的两种重量**
>
> 1. 实重/净重（Net Weight）：包裹放在磅秤上显示的实际重量。
> 2. 体积重（Dimension Weight）：主要体现在物流的货运环节中，当一件物品的体积太大而重量太轻时，这样在运输中就会把它的体积折算成重量来收取费用。其实体积和重量在现实中是没法互算的，只是在运输中的一种特殊情况的特殊比例。
>
> 按照净重与体积重择大计费的原则，如果货物的比重小而单位体积偏大，如棉花、编织工艺品等，那么应当测量货物的体积，根据公式计算出体积重量，然后将货物的实际重量与体积重量做比较，择其大者作为计费重量，乘以单位公斤费率就得出了应收运费。
>
> 这种体积重量的计费方式也同样适用于航空快递公司，每个国际快递包裹在经过快递公司的中转中心时，都要通过诸如 DHL、TNT 快递公司的 RPP（Revenue Protect Programme）等系统的检测，货物经过光学扫描，体积重量将被自动录入快递公司的全球信息系统，并与物理重量比较后，被择大计费。

二、选择合适的跨境物流

在跨境电商的交易中，消费者通过平台购买海外商品的过程是：商品从卖家发件国海关，再到收件国海关，接着通过当地的物流进行派送，最终消费者顺利收到商品。这个过程主要通过国际物流将国际卖家和国际买家两者相连。如今，这类跨境电商的购买平台越来越多，这里将全球速卖通网站作为基础，全球速卖通根据属性的不同将国际物流分为经济类物流、简易类物流、标准类物流、快速类物流和海外仓物流等，每种不同属性的物流机构都有着不一样的特点，如表9-2所示。

表9-2 不同属性类别物流机构的特点

属　性	特　点
经济类物流	物流运费成本低，目的国包裹妥投信息不可查询，适合运送货值低重量轻的商品。经济类物流仅允许使用线上发货
简易类物流	邮政简易挂号服务，可查询包含妥投或买家签收在内的关键环节物流追踪信息
标准类物流	包含邮政挂号服务和专线类服务，全程物流追踪信息可查询
快速类物流	包含商业快递和邮政提供的快递服务，时效快、全程物流追踪信息可查询，适合高货值商品使用
海外仓物流	已备货到海外仓的货物所使用的海外本地物流服务

随着国际物流机构的层出不穷，物流作为跨境电商的支柱，卖家们无疑都希望把货交付给服务商后就能高枕无忧地专注于销售。不过，物流商的服务也有优有劣，既有自己的优势和长处，也有无法匹配卖家需求之处，怎样才能从这"芸芸众生"中，挑选到称心如意的"伙伴"，就考验各位卖家的慧眼了。在甄选物流机构时不妨从下面几个方面来考虑。

1. 匹配度

根据产品选择物流，是跨境电商的第一要素。有据可循，低价轻量货适合用国际小包，收费低廉，不过有2kg限重，超重就要选择国际专线或快递，时效性和安全性更优。贵重商品则多依赖国际快递，时效最快。同一级别物流产品往往都有数量众多的供应商，但也有像上述我们提到的国际物流一类提供多元服务的企业，从国际小包、国际特惠、国际标快一站式满足卖家需求。此外，对于特殊产品（如带电商品、带粉末的化妆品等），服务商的渠道能否接纳，也是匹配度的一个考量范畴。从匹配度去锁定物流品类后，就该考察相应服务商的线路质量了，运价、时效性、安全性、服务到不到位等。

2. 运价

国际物流的成本无疑是卖家最关注的问题之一。运价不是越低越好，而是卖家需要可控。如果只有一票货件，那成本好算，但如果一个月有几千票货件，供应商给的报价里又含十几套价格外加十几种限制条款，一年下来价格再变动若干次，那么最终的成本就非常难以核算和控制了，因此供应商是否提供透明、合理、稳定的报价很重要。可让供应商明确列出各种收费项目、计费方式，这样更便于考察，必要时可列入合同明细。

3. 时效

卖家对物流服务商的另一个重要的考核标准是时效。当然不是说物流越快越好，如果符合买卖双方对时效的预期，在可控的成本下，时效是越稳定越好，这是对消费者体验的一种保障。建议淡季可以试着多联系几个物流商，同时走货测试下线路质量，为旺季做准备。在旺季时，也要考虑物流商的承运能力，看他们过往对于爆仓问题有没有好的应对方法和相应的理赔机制。

4. 派送

派送安全、稳妥可以避免很多后期不必要的售后麻烦和损失。卖家考核物流供应商时，可以详细了解他们全环节操作是否足够专业。国内部分看其仓储分拨是否容易造成失误。头程看其通路、清关优势，直发还是多层转包。目的国看落地派质量、订单可控性。了解国际包裹的揽收、封发都是否按照标准规范的流程操作。此外，对于消费者查询响应速度、物流更新速度、物流节点的动态在线是否可查、可追踪，异常情况是否能得到及时处理。这些都是可以在选择国际物流之前查询到的。

5. 服务

服务是成本和时效之外必须考虑的一个重要因素。举例来说，物流商在节假日收不收件，有没有专业的车辆可以满足特殊的装货需求，是不是全程都有跟踪，有没有海外客服能为买家提供查件服务；还有赔付的问题，物流公司是拖着不了了之，还是主动跟进解决问题。各种服务的细节，决定了该物流商是否值得依靠和信赖。有专业和稳定团队的物流商，还会在你拓展海外市场或入驻电商平台时，把他的经验分享给你，让企业少走弯路。

牛刀小试

❖思考题

1. 跨境物流的常见种类有哪些？
2. 在选择国际物流时我们应该考虑到哪些因素？

❖操作题

根据流程操作，开通个人全球速卖通账号，并查看全球速卖通规则、物流服务和运营服务等。

任务三　设置物流模板

任务描述

经过前面两个任务的学习，小林已经熟知了跨境电商的概念，了解了不同分类的跨境物流，他明白仅仅只是知道是不够的，需要学会怎样将这些不同种类的物流渠道加以运用，学会怎样去设置物流模板。

知识准备

一、认识新手模板

卖家在发布商品时可以选择新手运费模板或自定义运费模板，如果是未编辑的自定义模板，只能操作新手运费模板才能进行发布。下面一起来了解新手模板，并且学习怎样设置"自定义模板"。

项目九　运送跨境电商的货物

（1）登录全球速卖通官网后，进入后台，在上面的菜单栏找到"产品管理"，单击进入，在左侧菜单栏找到"运费模板"进行设置，如图9-6所示。

图9-6　运费模板设置

（2）进入之后，后台会显示"Shipping Cost Template for New Sellers"，单击模板名称，会出现如图9-7所示的新手运费模板。

图9-7　新手运费模板

（3）单击进入之后，可以看到"运费组合"和"运达时间组合"，如图9-8所示。根据商品的需要进行编辑，最后保存即可。

二、新建运费模板

对于大部分商家来说，新手模板只能满足前期需求，当商品覆盖到全球各地区时，就需要进行运费模板的自定义设置。设置可以从两个地方进入，一是直接单击

201

"新增运费模板"按钮(见图9-9),二是单击"编辑"按钮编辑新手运费模板(见图9-10)。

图9-8 "运费组合"和"运达时间组合"编辑

图9-9 新增运费模板

需要提醒的是,新手运费模板是不可直接保存的,如要修改,需要输入模板名称,然后保存生成新的自定义运费模板。

(1)单击"新增运费模板"按钮进入之后,除了要输入运费模板名称之外,还需要单击"展开设置"按钮进行模板添加,如图9-11所示。然后开始自定义模板编辑,展开后如图9-12所示。

图 9-10　编辑新手运费模板

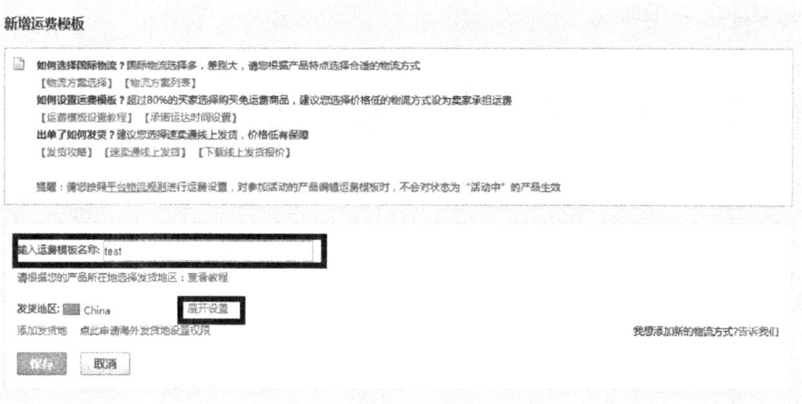

图 9-11　自定义模板编辑

图 9-12　选择国际物流

全球速卖通对于物流分类进行升级以后，将国际物流分为经济类物流、简易类物流、标准类物流、快速类物流和其他物流。

（2）下面以"China Post Ordinary Small Packet Plus 中国邮政平常小包+"为例，进行操作设置。勾选该物流方式，如图9-13所示。

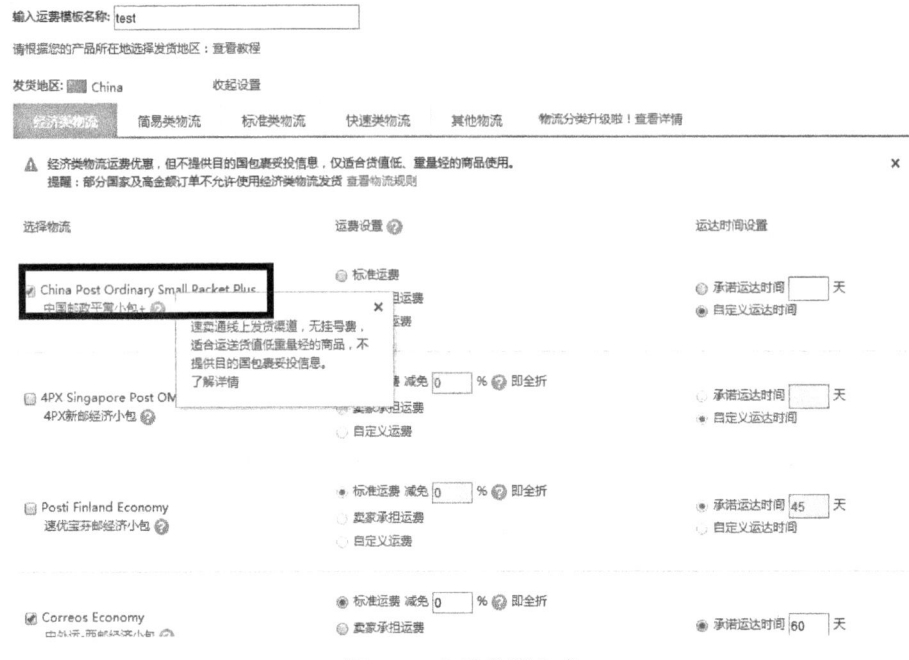

图9-13　勾选物流方式

（3）运费模式当中可以选择标准运费、卖家承担运费和自定义运费。标准运费就意味着对所有的国家均执行的优惠标准。如果需要对所有国家均采取卖家承担邮费，即包邮政策，则勾选"卖家承担运费"，如图9-14所示。

图9-14　运费设置

(4) 如果卖家希望对所有的买家均承担同样的运达时间，则需要勾选运达时间设置，并填写承诺天数，如图 9-15 所示。

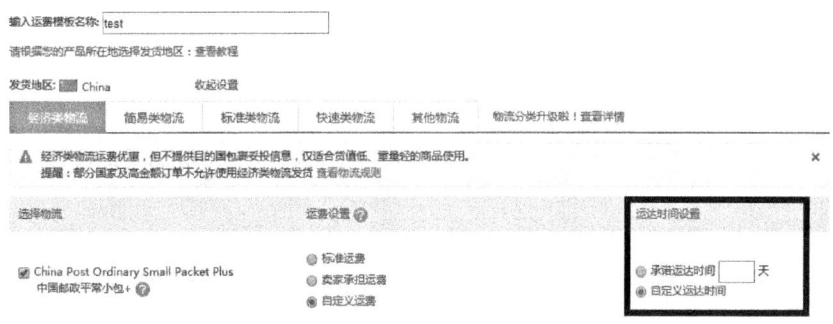

图 9-15 运达时间设置

但是大部分时候，卖家需要更细致的设置，则可以通过"自定义运费"和"自定义运达时间"来实现。

(5) 选择"自定义运费"单选按钮即可对运费进行个性化设置，设置中可以按照地区选择国家，或者按区域选择国家，如图 9-16 所示。

图 9-16 自定义运费设置

(6) 勾选好国家和地区之后，设置发货类型。发货类型包括：标准运费、自定义运费和卖家承担运费，并根据自身情况填写"运费减免率"，如图 9-17 所示。

图 9-17 设置发货类型

"设置发货类型"中的"自定义运费"可以按照重量或数量设置运费,如图 9-18 所示。

图 9-18　按照重量或数量设置运费

或者对以上勾选的地区选择不发货,如图 9-19 所示。

图 9-19　不发货设置

(7)完成上述设置之后,单击"确认添加"按钮,如图 9-20 所示,再单击"保存"按钮,如图 9-21 所示。

图 9-20　确认添加

图 9-21　保存

(8) 系统会跳入运费模板设置的最初页面,再单击进入"自定义模板",会有你设置好的模板出现,如图 9-22 所示。

图 9-22　自定义模板设置完成

(9) 如需要添加运费组合,则单击"添加一个运费组合"按钮,出现"运费组合 2",进入编辑即可,如图 9-23 所示。

图 9-23　添加运费组合

此时,可以假设运费模板已经设置完成,如需修改,根据商品的不同类型、不同规格再进行编辑修改。

牛刀小试

❖ 思考题

全球速卖通平台按照属性将国际物流分为哪几种类型?

❖ 操作题

根据流程操作,进入全球速卖通账号并设置运费模板。

项目十

服务跨境电商的客户

学习目标
❖ 了解与客户沟通的途径。
❖ 掌握客户沟通与服务的原则。
❖ 掌握客户沟通的模板。
❖ 掌握纠纷的种类和处理流程。

任务一 提供客户服务

任务描述

随着店铺经营的持续，店铺订单数量增多，为了服务好客户，建立与客户的良好沟通就显得很重要。维护好客户关系，可以吸引更多的回头客，降低营销成本，增加客单利润率。本任务主要是了解与客户沟通的途径、沟通与服务的原则等。

知识准备

一、与客户沟通的途径

良好的沟通可以让客户的疑问及时得到解决，可以维护好客户关系，吸引更多的回头客。在全球速卖通平台上，一般通过以下几个途径与客户进行沟通。

（一）站内信

首先，可以通过"消息中心"的"买家消息"里的"站内信"，查看买家发过来的询盘信息，如图10-1所示。

图 10-1 站内信

卖家可以对消息进行如下处理：

（1）通过"是否已读""处理状态""标签"及时间和接收人账号类型等进行消息的筛选。

（2）对消息进行"标记为""待处理"和"已处理"设置。

（3）通过"打标签"功能用颜色进行标签，可以根据自己的习惯用不同的颜色标记不同的紧急程度或不同的问题等，如图10-2所示。

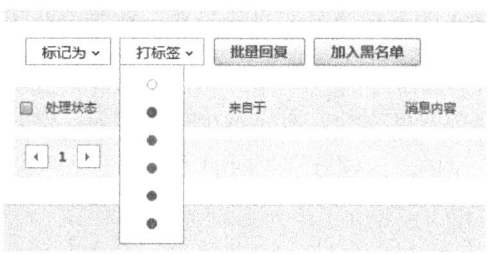

图10-2　打标签

（4）进行"批量回复""加入黑名单"等操作。当消息多的时候，可以检索近一年的消息。

（二）订单留言

在"消息中心"里的"买家消息"中的"订单留言"中可以查看订单留言。

图10-3　订单留言

订单留言大部分的操作和站内信相似，其中"筛选"里有一项留言时订单状态，可以帮助卖家了解留言时订单的状态，如图10-4所示。

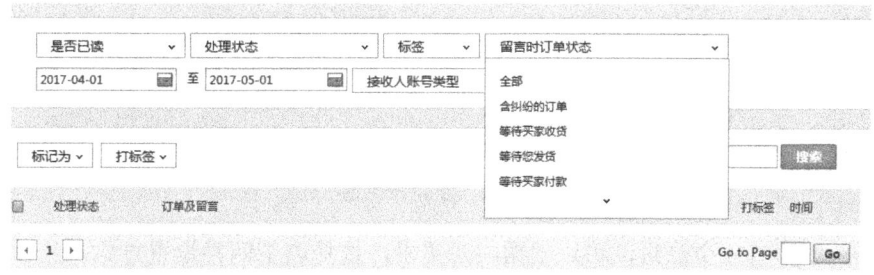

图10-4　留言时订单状态

（三）商铺贸易通

商铺贸易通即在线客户服务系统，是全球速卖通为了提升买家购物体验和卖家操作、管理效率而推出的客户服务系统。现阶段暂时只对三星及三星以上卖家开放，我们可以选择主账号和子账号的贸易通进行设置，将其分为不同的分组，给买家提供更专业、更及时的服务，提升交易效率和体验，提升卖家管理效率，分工更明确，管理更便捷。贸易通在线时间更长，可以减小买家流失，提升询盘回复效率。

可以通过"店铺"里的"店铺管理"中的"商铺贸易通管理"进行相应的设置，如图10-5所示。

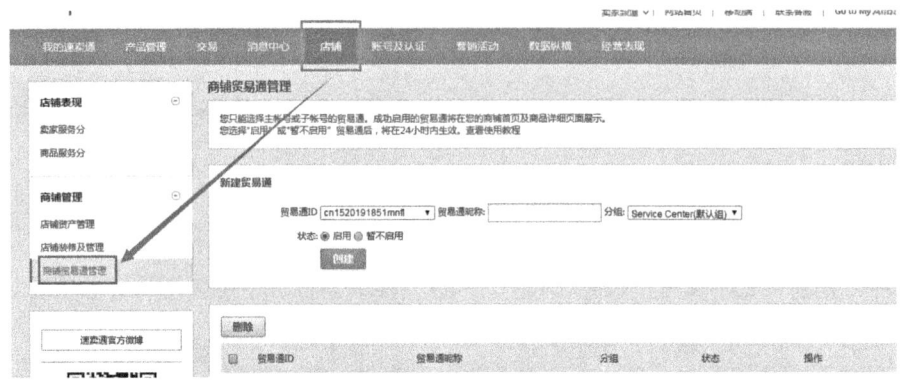

图 10-5　商铺贸易通管理

我们只能选择主账号或子账号的贸易通。成功启用的贸易通将在商铺首页及商品详细页面展示。如图10-6所示，选择"贸易通ID"后输入"贸易通昵称"，然后选择"分组"，设置"状态"，选择"启用"或"暂不启用"贸易通后，将在24小时内生效。选择"启用"，则表示创建此贸易通后在24小时之内会展示在商铺和商品详情页面上，买家可以看到；选择"暂不启用"则不会展示，买家在前台看不见，只有当您编辑并启用之后买家才能看见。

图 10-6　新建贸易通

系统默认有4个分组，可以根据实际需求，选择以下两种设置方式。

（1）当没有细分贸易通服务类型的需求时，可以将所有贸易通放置在 Service Center（默认组）中。

（2）当想要细分贸易通的服务类型时，可以设置以下几个分组：Pre-sale Services（售前）、After-sale Services（售后）和 Logistics Services（物流）。可以根据客服人员对业务的了解程度进行分工,给买家提供更加专业的服务。

如图 10-7 所示为前台显示效果。默认只展示一组贸易通,其他组的信息暂时被隐藏。当买家鼠标移动到贸易通区域时,便会展开显示所有设置并生效的分组,如图 10-8 所示。

图 10-7　前台显示

图 10-8　贸易通分组

如果需要编辑贸易通，在列表中选择需要编辑的贸易通右侧的"编辑"按钮，如图 10-9 所示。

图 10-9　贸易通 ID 编辑

可以直接修改该贸易通的昵称、分组和状态，修改完成后单击"确定"按钮即可。

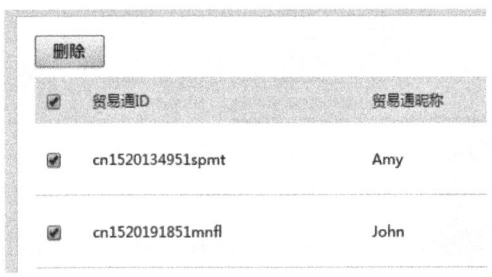

图 10-10　编辑贸易通设置

如果要删除贸易通，在列表中选择需要删除的贸易通右侧的"删除"按钮并确认即可。卖家还可以选择所有贸易通一次性删除，如图 10-11 所示。

图 10-11　删除贸易通

二、沟通与服务的原则

（一）及时原则

保证 24 小时内回复询盘，欧美发达国家买家下单高峰期在美国时间 8:00 点到 13:00 点之间，也就是北京时间 23:00 点到凌晨 3:00 点之间，争取当天回复。

如果不能回复询盘一定要给客户一个回应，告诉客户已经收到询盘，目前不能回复的原因和什么时候能够给客户答复。

（二）3C 原则

3C，即 Clearness（清楚）、Conciseness（简洁）、Courtesy（礼貌）。

尽可能用精练的语言清楚地表达想要表达的内容，沟通的思路要清晰，这样沟通的内容不容易误解。

在措辞和表达上，通过使用虚拟语气、委婉语气等方式，婉转、和缓地表达观点，从而给客户留下有礼貌、素质高和有诚意的印象，使买家容易接受和合作。

沟通时要设身处地地为买家着想，考虑他们的感情、情绪、希望和要求等，即要学会换位思考，从而给买家留下好感，提高服务的有效性。

对于顾客的疑虑或纠纷，一定不能逞一时之快，真正的沟通不是与客户一争高低。尤其在处理客户纠纷过程中，要不失礼，要态度和蔼。

（三）规范专业原则

由于沟通涉及买卖双方的权利和义务关系，沟通的准确性至关重要。语言简洁准确，杜绝语法、标点和拼写错误。尤其是日期、数字等不能弄错，打字时要避免误打、漏打。使用结构简单、用词平实的短句，格式要规范，不要忽略问候语、结束语等细节。

专业性主要是要对行业、对公司、对产品非常熟悉，尤其是一些细节问题要搞清楚。客户对产品不了解或到货后不会使用，一定要细心帮助客户解决问题。不过不要用太专业的词，要用通俗易懂的说法，让客户容易接受。

（四）有效性原则

减少来回沟通的次数，增加单次沟通的信息量。了解各国客户的文化和购物习惯，有针对性地进行沟通。

在沟通中，要学会聆听，这是沟通的基础。我们可以从客户的话语理解和揣摩其想表述的内容和主要思想，从而了解其中的需求，对症下药。在聆听对方的同时，多点将心比心，学会包容对方、理解对方；当觉得这个客户的要求不合理，甚至过分时，自己要学会先控制情绪，需要换一个角度，站在客户的角度或立场接纳对方的意见或建议，从而达到良好的沟通。

还需要建立信任，信任是沟通的催化剂，同时也是沟通的基础。当一个客户满怀疑心时，其不可能向你表述真实的情况，其需求也自然不会明确，自然谈不上沟通有效果。因此，面对客户第一要务是让其信任你，愿意与你沟通，用你的诚意先破冰释疑。

同时也要目的明确，沟通的目的是为了解决问题，学会主动引导客户的思路，揣摩其心理，迅速找到解决问题的突破口，从而达到事半功倍的目的。

 牛刀小试

❖思考题
1．与客户沟通的途径有哪些？
2．沟通与服务的原则有哪些？

❖操作题
在平台中找到各个与客户沟通的途径的入口。

任务二　解答客户咨询

 任务描述

基于跨境电商零售出口的特点，客户必然对卖家会有大量关于产品和服务的咨询。掌握一些常用的沟通模板有利于提高工作效率，降低工作难度。本任务主要是提供售前沟通和售后沟通的模板。

知识准备

一、售前沟通模板

售前客户沟通的主要内容包括解答客户有关价格、优惠、库存、运费和支付等问题，促使顾客尽早下单。

（一）买家光顾店铺，询问产品信息时

> Dear ×,
> Thank you for your interests in my item.
> If there is not what you need, you can tell us, and we can help you to find the source.
> Please feel free to buy anything. Thanks!
> Sincerely,
> (name)

（二）回应买家砍价

Dear ×,

Thank you for your interests in my item.

I am sorry but we can't offer you that low price you asked for. We feel that the price listed is reasonable and has been carefully calculated and leaves me limited profit already.

However, we'd like to offer you some discounts on bulk purchases. If your order is more than ×× pieces, we will give you a discount of ××% off.

Please let me know for any further questions. Thanks.

Sincerely,

(name)

（三）提醒折扣快结束

Hello ×,

Thank you for the message. Please note that there are only 3 days left to get 10% off by making payments with Escrow (credit card, Visa, MasterCard, money bookers or Western Union). Please make the payment as soon as possible. I will also send you an additional gift to show our appreciation.

Please let me know for any further questions. Thanks.

Best regards,

(name)

（四）库存不多，催促下单

Dear ×,

Thank you for your inquiry.

Yes, we have this item in stock. How many do you want? Right now, we only have ×× lots of the ×× color left. Since they are very popular, the product has a high risk of selling out soon. Please place your order as soon as possible. Thank you!

Best regards,

(name)

（五）断货

Dear ×,

We are sorry to inform you that this item is out of stock at the moment. We will contact the factory to see when they will be available again. Also, we would like to recommend to you some other items which are of the same style. We hope you like them as well. You can click on the following link to check them out.

http://www.aliexpress…

Please let me know for any further questions. Thanks.

Best Regards,

(name)

（六）提醒买家尽快付款

Dear ×,

We appreciated your purchase from us. However, we noticed you that haven't made the payment yet. This is a friendly reminder to you to complete the payment transaction as soon as possible. Instant payments are very important; the earlier you pay, the sooner you will get the item.

If you have any problems making the payment, or if you don't want to go through with the order, please let us know. We can help you to resolve the payment problems or cancel the order.

Thanks again! Looking forward to hearing from you soon.

Best Regards,

(name)

Dear ×,

We appreciate your order from us. You have chosen one of the bestselling products in our store. It's very popular for its good quality and competitive price. Right now, we only have ×× lots of the ×× colors left. We would like to inform you that this product has a high risk of selling out soon.

We noticed that you hadn't finished the payment process for the order. We'd like to offer you a 10% discount on your order, if you purchase now, to ensure that the product doesn't sell out. We will ship your order within 24 hours once your payment is confirmed. If you need any help or have any questions, please let us know.

Best Regards,

(name)

PS: We are one of the biggest suppliers on AliExpress. With more than 3 years' experience in world trade, we are able to provide the best prices, the highest quality and the superior service. We inspect our products before shipping them out and provide a 1 year warranty for all products. We promise to give you a full refund if the products are not as described.

If you have any questions, please contact us; we are happy to help you.

（七）订单超重

Dear ×,

Unfortunately, free shipping for this item is unavailable; I am sorry for the confusion. Free Shipping is only for packages weighing less than 2kg, which can be shipped via China Post Air Mail. However, the item you would like to purchase weighs more than 2kg. You can either choose another express carrier, such as UPS or DHL (which will include shipping fees, but which are also much faster). You can place the orders separately, making sure each order weighs less than 2kg, to take advantage of free shipping.

If you have any further questions, please feel free to contact me.

Best Regards,

(name)

（八）已发货并告知买家

Dear ×,

Thank you for shopping with us.

We have shipped out your order (order ID: ×××) on Feb. 10th by EMS. The tracking number is ×××. It will take 5-10 workdays to reach your destination, but please check the tracking information for updated information. Thank you for your patience!

If you have any further questions, please feel free to contact me.

Best Regards,

(name)

二、售后沟通模板

(一)物流遇到问题

> Dear ×,
>
> We sent the package out on ×××, and we have contacted the shipping company and addressed the problem. We have got back the original package and resent it by UPS. The new tracking number is ×××.
>
> I apologize for the inconveniences and hopefully you can receive the items soon. If you have any problems, don't hesitate to tell me.
>
> Best Regards,
>
> (name)

(二)客户投诉产品质量有问题

> Dear ×,
>
> I am very sorry to hear about that. Since I did carefully check the order and the package to make sure everything was in good condition before shipping it out, I suppose that the damage might have happened during the transportation. But I'm still very sorry for the inconvenience this has brought you. I guarantee that I will give you more discounts to make this up next time you buy from us. Thanks for your understanding.
>
> Best Regards,
>
> (name)

(三)提醒买家给自己留评价(求好评)

> Dear ×,
>
> Thanks for your continuous support to our store, and we are striving to improve ourselves in terms of service, quality, sourcing, etc. It would be highly appreciated if you could leave us a positive feedback, which will be a great encouragement for us. If there's anything I can help with, don't hesitate to tell me.
>
> Best Regards,
>
> (name)

（四）海关速度慢

Dear ×,

I am very sorry for the inconvenience. Due to the ×× Customs are much stricter ,the parcels often meet "Customs Inspection" . That make the shipping time is hard to control.

As our former experience, normally it will take 25 to 45 days to arrive at your country. On the other hand, due to near ××, most of our customers are buying gifts.

Is that OK for you? Waiting for your reply!

Best Regards,

(name)

（五）退换货问题

Dear ×,

I am very sorry for the inconvenience. If you are not satisfied with the products, you can return the goods back to us. When we receive the goods, we will give you a replacement or give you a full refund. We hope to do business with you for a long time.

We will give you a big discount in you next order.

Best Regards,

(name)

牛刀小试

❖思考题

1．售前沟通主要会涉及哪些内容？
2．售后沟通主要会涉及哪些内容？

❖操作题

1．如果客户一再要求价格优惠，请撰写一段回复模板。
2．如果客户投诉产品有损坏，请撰写一段回复模板。

任务三 解决售后问题

 任务描述

当订单达到一定数量后,纠纷和差评等很难避免。卖家要在交易过程中尽量避免纠纷的产生,如果纠纷产生了,要想办法解决,减少损失。本任务主要是了解全球速卖通中常见的纠纷和平台裁决指引,掌握纠纷处理的流程。

 知识准备

一、纠纷种类与裁决指引

纠纷的词语解释是"争执不下的事情;不易解决的问题",在生活中有各种各样的纠纷,如医疗纠纷、民事纠纷、经济纠纷、交易纠纷等。

全球速卖通平台交易过程中所产生的纠纷属于交易纠纷,即在交易过程中产生了误会或一方刻意隐瞒,从而无法使交易圆满完成。

买家在交易中提起退款申请时有两个大类,分别是未收到货物及收到货物与约定不符,这两大类又分别有不同的小类。

(一)未收到货

卖家发货后,买家经过长时间等待却依然无法收到包裹。在买卖双方就此问题无法协商一致的情况下,买家以没能收到商品为由提起的纠纷案件。

1. 查无物流信息

查无物流信息是指卖家填写的运单号在物流网站查不到跟踪信息。若卖家在规定的时间内未提供有效的运单号,全球速卖通将全额退款。卖家需要从全球速卖通通知举证开始的3个自然日内提供有效运单号。

建议卖家货物发出后填写正确的运单号;关注物流状态,若有转单号及时更新;遇异常情况及时主动与买家和物流公司沟通并尽快解决。

2. 物流显示已妥投

这种类型分为以下两种情况:

(1)物流妥投地址与买家下单地址匹配,即物流信息显示已妥投,且物流妥投国家与买家下单地址国家一致,省份、城市、邮编、签收人如在官网上有展示,也需一致。若物流妥投地址与买家下单地址匹配,全球速卖通将放款给卖家。

（2）物流妥投地址与买家下单地址不匹配，即物流信息显示已妥投，但物流妥投信息与买家下单地址不一致。若卖家逾期未提供有效证明，全球速卖通将全额退给买家。若买家要求修改地址，卖家需提供沟通记录。建议若卖家使用线上发货且填写地址无误，卖家可发起线上发货的投诉。

3. 货物在海关

货物在海关是指物流信息显示货物在海关，货物由于涉及进口国海关要求而被扣留。海关扣留所涉及的原因包括但不限于以下：

（1）进口国对进口货物有限制。

（2）买家因关税过高不愿清关。

（3）订单货物属假货、仿货、违禁品。

（4）货物申报价值与实际价值不符。

（5）卖家无法出具进口国需要的相关文件。

（6）买家无法出具进口国需要的相关文件。

买家举证扣关文件，若文件显示卖家原因造成扣关，且买家无法取回货物，全球速卖通将退款给买家；若文件显示买家原因造成扣关，买家有清关义务，全球速卖通将放款给卖家。

若卖家原因造成的扣关，卖家有义务提供相应的材料帮助买家清关，材料包括但不仅限于品牌授权证书、商业发票等，卖家需积极配合在纠纷中响应并提供清关所需材料。建议卖家在选择货品及发货之前充分了解海关相关政策。

4. 货物在途中

货物在途中是指物流有跟踪信息，且跟踪信息显示非海关、非妥投、非退回的情形，但是买家以未收到货提起了退款申请。

若限时达超期，全球速卖通将退款买家。建议若限时达未到期，卖家积极与买家沟通；卖家尽量使用可追踪信息强、时效性高的物流方式，如商业快递、线上发货；卖家设置合理的限时达时间。

5. 物流显示货物原件退回

物流显示货物原件退回是指物流有跟踪信息，且跟踪信息显示货物被退回。

货物的款项全球速卖通将退回给买家，发货和退回的运费根据订单的具体情况和买、卖家原因进行判责。

从全球速卖通通知卖家举证开始 3 个自然日内，卖家需提供因买家原因导致货物不能正常妥投的证明，如物流公司的查单结果、物流公司内部发出的邮件证明、与买家的聊天记录等。

建议卖家货物发出前核查收货信息，确保信息正确；货物发出后及时关注物流状态，遇异常情况及时主动与买家和物流公司沟通并尽快解决。

6. 卖家私自更改物流方式

卖家私自更改物流方式是指未经买家允许，卖家使用与买家下单时选择的不同物流方式发货。

卖家需承担相应责任；若产生物流费用差价，由卖家承担。从全球速卖通通知卖家举证开始 3 个自然日内，卖家可提供发货前买家要求或同意更改物流方式的举证，如与买家的沟通记录等。

建议未经买家同意的情况下，不要私自更改物流方式；若买家要求或同意更改，卖家应保留相关证据。

（二）货不对版

货不对版主要是收到货物与约定不符，包括货物与描述不符、质量问题、货物破损、货物短装、销售假货等。

1. 货物与描述不符

颜色不符是指所收到货物的颜色与产品描述（图片、描述）不符。

尺寸不符是指所收到货物的尺寸与产品描述不符。

产品包装不符是指所收到货物的内包装与描述不符（无包装、包装不符、包装破损和污渍），产品包装是指产品本身所有的包装（邮局、卖家使用的外包装除外）。

品牌不符是指所收到货物的品牌与描述不符。

款式/型号不符是指所收到货物的型号/款式与产品描述（图片、描述）不符。型号/款式是指产品的性能、规格和大小。

卖家需要承担的风险：

（1）如果卖家产品标题、图片、描述中明确写明产品型号，默认为该产品具有该型号的所有功能，如果买家投诉缺少某功能，卖家将承担全部责任。

（2）根据买卖双方的证明，如果有货物与描述不符的情况，则属于卖家责任，买家对于处理方式有最终选择权利，买家可选择退款方案或退货方案。

（3）若产品页面有多种型号多种颜色的，但是买家下单时无法选择型号和颜色，在下单留言表示需要选择其中某一种，后期发错颜色的，卖家将承担全部责任。

若买卖双方在纠纷结案前达成退货退款的协议，平台将支持双方的协议，要求买家退货。对于产品的确存在货不对版问题的案件，建议卖家承担运费退回。

2. 质量问题

质量问题是指买家所收到的货物出现品质、使用方面的问题，如电子设备无法工作、产品的质地差等。

卖家需要承担的风险：

根据买卖双方的证明，若货物有质量问题则属于卖家责任，买家对于处理方式有最终选择权利，买家可选择部分退款或退款退货。建议卖家保证货物质量，并与买家保持沟通从而及时解决问题。

3. 销售假货

销售假货是指买家收到货物后因货物为侵权假冒产品或涉嫌侵权假冒产品而提起退款。根据平台的规则及核查结果，分为以下两种情况：

（1）轻微销售假货：卖家所销售的侵权假冒产品或涉嫌侵权假冒的产品不涉及平台已经公布的知名品牌名录。

（2）严重销售假货：卖家所销售的侵权假冒产品或涉嫌侵权假冒的产品涉及平台已经公布的知名品牌名录。

卖家面对纠纷裁决需要做的是：自全球速卖通通知卖家举证开始 7 天内卖家需提供授权许可证明和销售许可证明等。

卖家需要承担的风险：

（1）根据买卖双方的证明，卖家产品为侵权产品的，卖家将承担全部风险，平台会先将订单金额全额退款给买家，卖家需自行联系买家取回货物。

（2）同时阿里巴巴有权根据全球速卖通平台发布的侵权产品管理规则、处罚规则及其他适用平台规则对卖家进行处罚。

切勿在平台销售假冒侵权产品，若买家投诉产品为假冒侵权产品，卖家将承担全部风险，即使买家在知情的情况下购买也将由卖家承担所有责任。

4. 虚拟产品

虚拟产品是指无实物交易的产品，如 software key。

卖家需要承担的风险：

（1）一旦买家投诉卖家销售的产品为虚拟产品，订单将被取消，并将全额退款给买家。

（2）同时阿里巴巴有权根据全球速卖通平台发布的不适宜本平台的产品管理规则及其他适用平台规则对卖家进行处罚。

切勿在平台销售虚拟产品，若买家投诉产品为虚拟产品，卖家将承担全部风险，即使买家在知情的情况下购买也将由卖家承担所有责任。

5. 货物短装

货物短装是指买家所收到的货物数量少于订单上约定的数量。

卖家面对纠纷裁决需要做的是：从全球速卖通通知卖家提交相关证明材料时开始计算，3天内提供发货底单及重量说明。包括：

（1）单件产品重量照片。

（2）整件产品加上包裹重量照片。

（3）发货底单和物流出具的包裹重量证明。

卖家需要承担的风险：

根据买卖双方提供的证明，货物短装的，或者卖家逾期不提供无短装的证明，按未发货的产品数量所占该订单总金额的份额，订单金额将部分退款给买家，即退还该订单短装件数所对应的金额。

卖家应保留发货时的重量证明，如称重拍照或视频记录等；发布产品时注意销售方式，切勿混淆 piece 和 lot 的区别。

6. 货物破损

货物破损是指买家所收到的货物存在不同程度的外包装（限产品自身包装，如手机产品的外包装，邮局、卖家使用的外包装除外）或产品本身有损坏的情况。

卖家需要承担的风险：

若买家或物流公司提供了有效证据证明是卖家责任导致货物破损，则订单金额全额退款给买家。建议卖家发货之前充分检查货物状态及包装，交易过程中及时与买家沟通并且解决问题。

7. 买家收到货物后退货

买家收到货物后退货是指买家收到货物后，经买卖双方达成协议后退货，或者买家未与卖家协商即自行退货。

卖家在纠纷裁决中需要做的是：卖家需及时与全球速卖通确认是否收到退货。

卖家需要承担的风险：

（1）若因卖家原因致使买家退货无法正常妥投，订单金额会全额退给买家。所以建议在买家提供退货单号后，卖家能实时跟踪物流信息。建议卖家在全球速卖通账号中及发货单上留下有效退货地址和信息，确保在退货的时候能够收到货物，避免损失。

（2）如果买家退货到达中国海关，由于清关是收件方的责任，所以卖家需要积极清关，或者提供因买家原因导致无法清关的扣关文件，否则订单将按照买家要求操作退款。

（3）若货物到达卖家城市后又退回买家，需要卖家提供相应的邮局说明，证明非自身原因导致货物退回，否则订单将按照买家要求退款。

（4）若买家未与卖家协商自行退货，全球速卖通会要求买家提供退货原因及相关证明，若买家无法提供，则卖家有权拒收买家退货，全球速卖通也可拒绝向买家退款。

8. 卖家私自更改物流方式

卖家私自更改物流方式是指卖家未经买家允许，更改买家下单时选择的物流方式。

卖家在纠纷中需要做的是：提供在更改物流方式前，征得买家同意的聊天记录截图。

卖家需要承担的风险：

（1）若卖家私自更改物流方式，货物到达买家国海关时，买家无法清关，属于卖家责任，全球速卖通平台会按照买家要求操作退款。

（2）若订单有收取物流费用，卖家私自改变方式，则订单的运费金额将退款给买家。

（3）若因卖家更改了物流方式导致货物未能在指定地点妥投，买家需要到很远的地方取货，属于卖家责任，需要补偿买家额外运费，若无法妥投，属于卖家责任。

（4）若因卖家私自更改物流方式导致买家延迟收到货物，也属于卖家责任，全球速卖通平台将按照具体的延迟日期计算退款金额。

9. 卖家强行发货（违约）

卖家强行发货（违约）是指因卖家延迟发货，而不能满足买家要求发货或到货的时间点，买家在下单后提起取消订单（需确认买家是否在系统中取消过订单）或者买家提起退款时间是在卖家所提供运单号显示第一条物流信息之前的，卖家仍坚持发货，之后买家因卖家强行发货提起纠纷。

卖家在纠纷中需要做的是：提供物流单号，证明在买家取消订单之前已经发货，且有物流信息。

卖家需要承担的风险：

卖家强行发货后，若包裹在物流运输过程中出现海关扣关、买家拒签等情况，均属于卖家责任。

二、纠纷处理流程

交易过程中买家提起退款/退货退款申请，即进入纠纷阶段，需要与卖家协商解决。流程如图10-12所示。

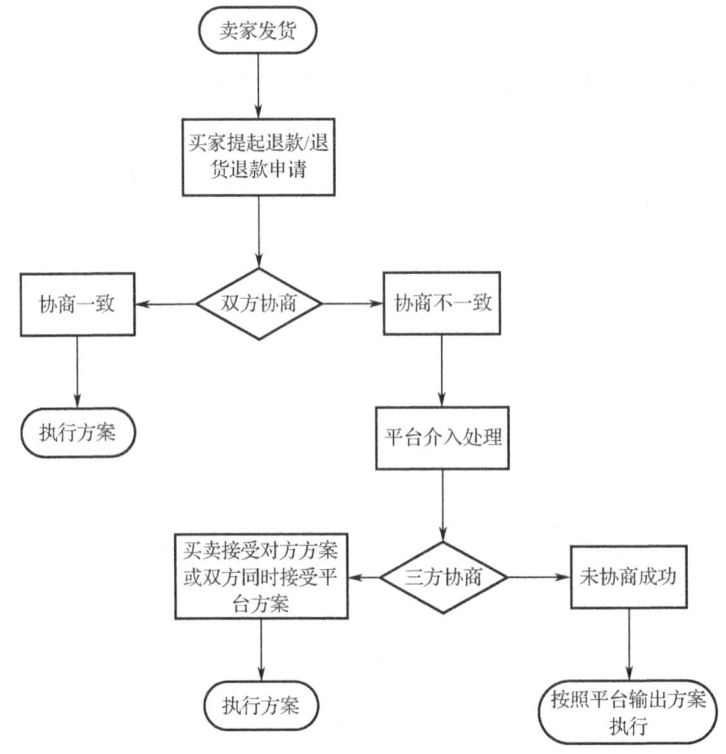

图 10-12 纠纷处理流程

（一）买家提起退款/退货退款申请

（1）买家提交纠纷的原因：

① 未收到货。

② 收到的货物与约定不符。

③ 买家自身原因。

（2）买家提交退款申请时间，可以在卖家全部发货 10 天后申请退款（若卖家设置的限时达时间小于 5 天则买家可以在卖家全部发货后立即申请退款）。

（3）买家在提交纠纷页面中，可以看到选项"Only Refund"和"Return & Refund"，选择"Only Refund"就可以提交仅退款申请，选择"Return & Refund"就可以提交退货退款申请。提交退货退款/仅退款申请后，买家需要描述问题与解决方案及上传证据。买家提交纠纷后，纠纷小二会在 7 天内（包含第 7 天）介入处理。

（二）买卖双方交易协商

买家提起退货/退款申请后，需要卖家的确认，卖家可以在纠纷列表页面中看到所有的纠纷订单。快速筛选区域展示关键纠纷状态："纠纷处理中""买家已提交纠纷，等待您确认""等待您确认收货"。对于卖家未响应过的纠纷，单击"接受"或"拒绝并提供方案"按钮进入纠纷详情，页面如图 10-13 所示。

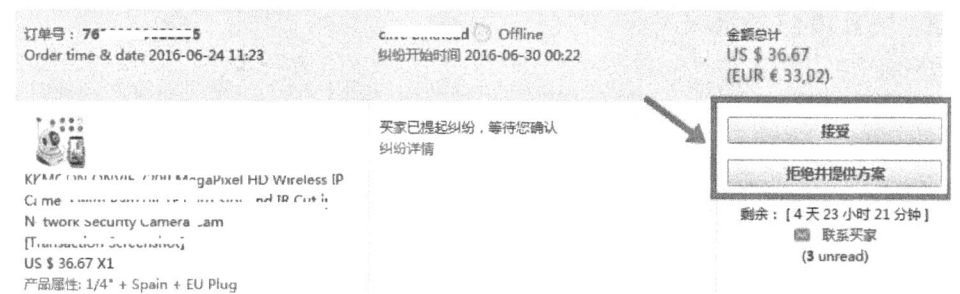

图 10-13　纠纷订单

进入纠纷详情页面，如图 10-14 所示，卖家可以看到买家提起纠纷的时间、原因、证据及买家提供的协商方案等信息。当买家提起纠纷后，请卖家在买家提起纠纷的 5 天内接受或拒绝买家提出的纠纷，若逾期未响应，系统会自动根据买家提出的退款金额执行。建议在协商阶段积极与买家沟通。

图 10-14　纠纷详情

卖家可以：

1. 同意协商方案

买家提起的退款申请有以下两种类型：

（1）仅退款：卖家接受时会提示卖家确认退款方案，若同意退款申请，单击"同意"按钮则退款协议达成，款项会按照双方达成一致的方案执行。

（2）退货退款：若卖家接受，则需要卖家确认收货地址，默认为卖家注册时填写的地址，地址需要全部以英文来填写，若地址不正确，则单击"修改收货地址"按钮，如图 10-15 所示。

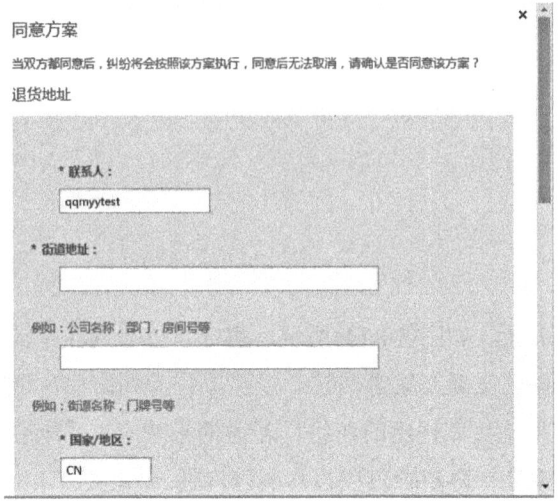

图 10-15　修改收货地址

2. 新增或修改证据

详情如图 10-16 和图 10-17 所示。

图 10-16　新增证据

图 10-17　上传证据

3. 增加或修改协商方案

买卖双方最多可提供两个互斥方案，如方案一提交了退货退款方案，方案二默认只能选仅退款不退货的方案，如图10-18至图10-20所示。

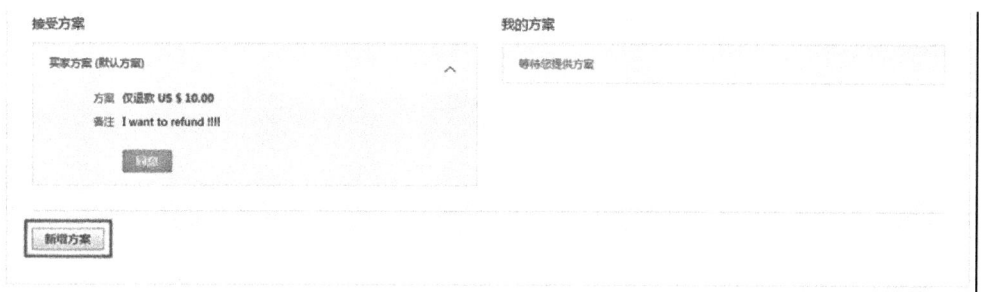

图10-18　新增方案

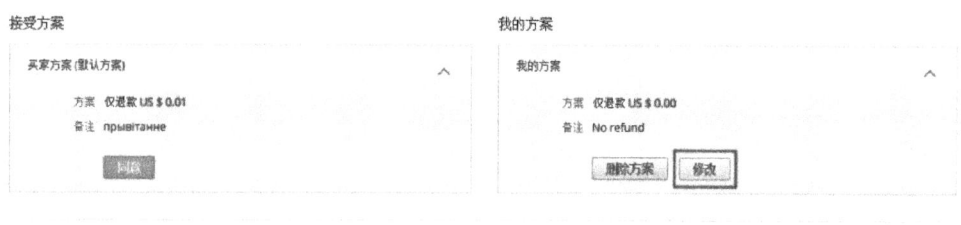

图10-19　修改方案按钮

图10-20　修改方案界面

4. 删除方案或证据

买卖双方可以删除自己提交的方案或举证，如图10-21至图10-23所示。

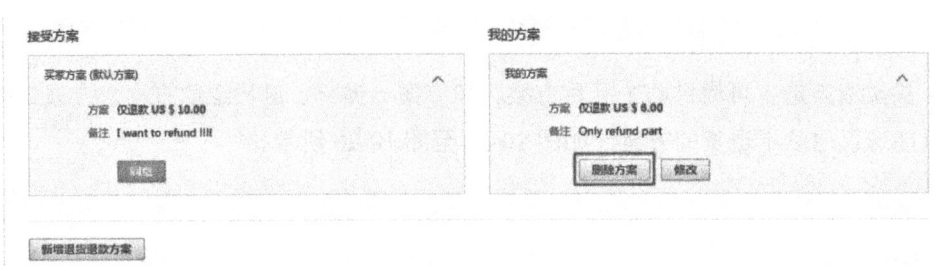

图 10-21　删除方案

图 10-22　删除证据

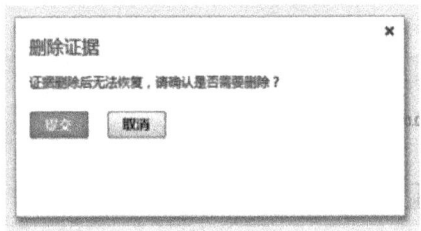

图 10-23　提交删除证据

（三）平台介入协商

买家提交纠纷后，纠纷小二会在 7 天内（包含第 7 天）介入处理。平台会参看案件情况及双方协商阶段提供的证明给出方案。买卖双方在纠纷详情页面可以看到买家、卖家、平台三方的方案。纠纷处理过程中，纠纷原因、方案、举证均可随时独立修改（在案件结束之前，买卖双方如果对自己之前提供的方案、证据等不满意，可以随时进行修改）。买卖双方如果接受对方或平台给出的方案，可以单击接受此方案，此时双方对同一个方案达成一致，纠纷完成。纠纷完成赔付状态中，买卖双方不能够再协商。

（四）退货

如果卖家和买家达成退款又退货的协议之后，买家必须要在 10 天内将货物发出，否则款项会打给卖家，如图 10-24 所示。

项目十 服务跨境电商的客户

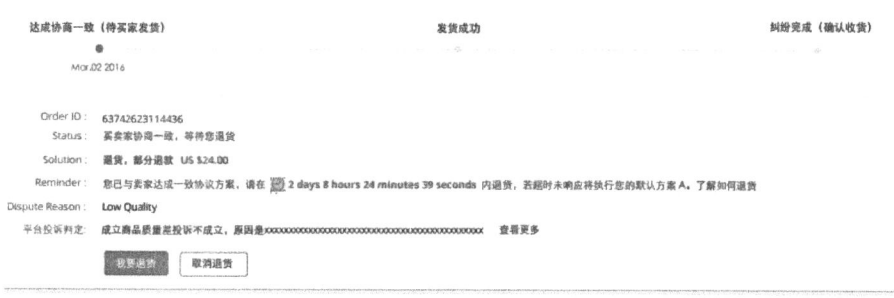

图 10-24 我要退货

若买家已经退货，填写了退货单号，则需要等待卖家确认，如图 10-25 所示。

图 10-25 等待卖家确认

卖家需在 30 天内确认收到退货：

（1）若确认收到退货，并同意退款，则单击"确定"按钮，如图 10-26 所示，全球速卖通会退款给买家，纠纷完成。

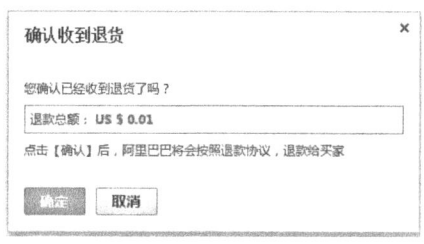

图 10-26 确认收到退货

（2）若卖家在接近 30 天的时间内没有收到退货或收到的退货有问题，卖家可以单击"升级纠纷"提交至平台进行纠纷裁决，如图 10-27 所示，平台会在 2 个工作日内介入处理，卖家可以在纠纷页面查看状态及进行响应。平台裁决期间，卖家也可以单击"撤销仲裁"按钮撤销纠纷裁决，如图 10-28 所示。

233

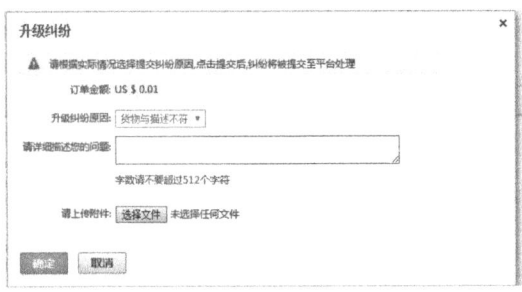

图 10-27 升级纠纷

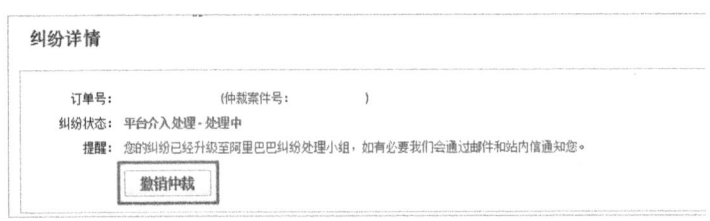

图 10-28 撤销仲裁

（3）若30天内卖家未进行任何操作，即未确认收货、未提交纠纷裁决，系统会默认卖家已收到退货，自动退款给买家。

另外，如果支持海外仓本地退货，双方达成一致退货后，平台会展示退货地址，如图10-29所示。

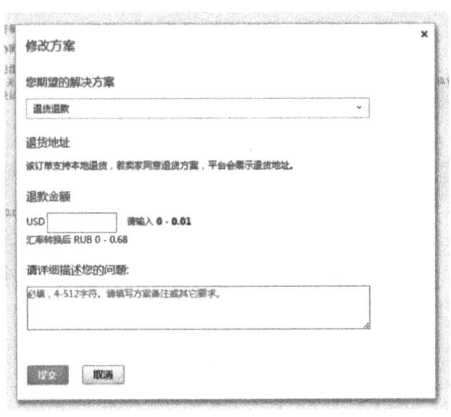

图 10-29 本地退货

（五）无忧物流纠纷

使用无忧物流发货的订单，买家发起未收到货纠纷后，卖家无须响应，直接由平台介入核实物流状态并判责。需要提醒的是，非物流问题导致的纠纷，仍然需要卖家自行处理。

牛刀小试

❖思考题

1．纠纷有哪些种类？

2．纠纷处理的流程一般是怎样的？

❖操作题

把经营中遇到的纠纷按照纠纷处理的流程进行处理。

反侵权盗版声明

电子工业出版社依法对本作品享有专有出版权。任何未经权利人书面许可，复制、销售或通过信息网络传播本作品的行为，歪曲、篡改、剽窃本作品的行为，均违反《中华人民共和国著作权法》，其行为人应承担相应的民事责任和行政责任，构成犯罪的，将被依法追究刑事责任。

为了维护市场秩序，保护权利人的合法权益，我社将依法查处和打击侵权盗版的单位和个人。欢迎社会各界人士积极举报侵权盗版行为，本社将奖励举报有功人员，并保证举报人的信息不被泄露。

举报电话：（010）88254396；（010）88258888
传　　真：（010）88254397
E-mail：　dbqq@phei.com.cn
通信地址：北京市海淀区万寿路 173 信箱
　　　　　电子工业出版社总编办公室
邮　　编：100036